기도성취 백팔문답

김현준

효림

기도성취 백팔문답

초판 1쇄 펴낸날 2011년 6월 6일
　　　7쇄 펴낸날 2016년 8월 1일

지은이　김현준
펴낸이　김연지
주필·고문　김현준
펴낸곳　효림출판사

등　록　1992년 1월 13일 (제 2-1305호)

주　소　서울시 서초구 서초동 1589-5 센츄리Ⅰ 907호
전　화　(02)582-6612, 587-6612
팩　스　(02)586-9078
이메일　hyorim@nate.com

값 7,000원

ⓒ 도서출판 효림 2011
ISBN 978-89-85295-67-3

잘못 만들어진 책은 바꾸어 드립니다.
이 책은 저작권법에 따라 보호를 받는 저작물이므로 무단전재와 무단복제를 금지합니다.

서 문

　요즈음 기도하는 불자들이 참으로 많습니다. 물질이 풍요해지고 삶의 질이 많이 향상되었는데도, 오히려 이삼십 년 전보다 더 많은 사람들이 기도에 심취되어 있습니다. 이렇게 기도에 심취되는 이유 중의 하나는 기도가 참선이나 경전공부를 하는 것보다 쉽기 때문이라는 것입니다.

　그런데 불교신행연구원으로 불법에 대해 문의를 해오는 불자들 중에는 이 쉬운 기도법에 대해 '궁금한 사항이 있어 상담을 원한다'는 분이 가장 많습니다. 서점마다 기도에 관한 책들이 무수히 많고, 월간「법공양」에 글을 수록하였다가 효림출판사에서 발행한 기도 관련 책 또한 10여 권이 넘는데도….

　하여, '어떻게 하면 모든 불자들로 하여금 기도하는 법을 쉽게 깨우도록 할 수 있을까'를 간절한 마음으로 궁리하였고, 무엇보다도 기도성취가 무엇이며 기도성취를 방해하는 요인이 무엇인지를 먼저 알아야 한다는 결론을 내렸습니다.

실로 기도성취의 원리를 모르면 기도를 하여도 성취가 요원합니다. 이에 기도성취의 원리에 입각하여 기도에 대한 정의, 믿음, 기도를 방해하는 번뇌망상, 업장소멸, 꾸준한 기도의 효험, 원을 세우는 법, 축원법, 각종 기도가피, 기도성취의 시기, 성취를 위한 하심법(下心法) 등 기도에 관한 여러 궁금증들을 원리에 입각하여 풀이하였습니다.

이를 지난 1년동안 월간「법공양」에 10회에 걸쳐〈문답으로 풀어보는 알기 쉬운 기도법〉이라는 제목으로 연재하였고, 그 글을 찾는 분들이 많아『기도성취 백팔문답』이라는 제목으로 단행본을 엮었습니다. 108번뇌를 소멸하여 부처님의 경지로 나아가듯이, 백팔문답을 통하여 꼭 기도성취를 하기를 바라는 마음으로 ….

부디 이 책을 통하여 기도에 대한 정견(正見)을 갖추고, 기도성취의 힘을 함께 길렀으면 합니다.

불기 2555년 부처님오신날
김현준 합장

차 례

· 서문 · 3

1. 기도란 무엇인가 / 15

1. 어려움이 있으면 기도하라 — 17
2. 기도는 나를 바꾸는 원동력 — 18
3. 기도는 자력과 타력의 조화 — 20
4. 대신 해주는 기도도 효과가 있다 — 21
5. 자비광명이 임하면 어둠은 사라진다 — 22
6. 간절한 마음으로 매달리는 것이 기도 — 23
7. 불교 기도의 특징 — 24
8. 불보살님의 요구는 간절함뿐 — 26
9. 기도는 돈으로 하는 것이 아니다 — 27
10. 한 만큼 이루어지는 바른 기도 — 28
11. 지나친 기대는 기도를 망친다 — 29
12. '나'를 바로잡아 주는 기도 — 31
13. 순수한 마음으로 순수한 기도를 — 32

2. 믿음과 기도성취 / 35

14. 신심 없는 성취는 없다	37
15. 빠른 성취는 확고한 믿음에서	38
16. 바른 믿음의 대상	41
17. 기도성취의 근거는 불보살의 본서원력	43
18. 배는 바위도 능히 실어 나른다	45
19. 불보살은 중생을 위해 존재한다	45
20. 기도성취의 비결은 '간절 절'	47
21. 간절하고 지극하면 통한다	49
22. 꾸준한 기도는 큰 힘을 발휘한다	52

3. 번뇌망상과 업장소멸 / 55

23. 기도의 최대 장애는 번뇌망상 ……………… 57
24. 번뇌망상은 나의 업력이요 업풍 ……………… 58
25. 망상을 극복하면 업장이 소멸된다 ……………… 59
26. 번뇌와 싸우지 말라 ……………… 60
27. 번뇌는 기도가 조금씩 된다는 증거 ……………… 62
28. 망상을 좇아가면 기도를 망친다 ……………… 64
29. 요행수가 아니라 정성 담은 기도를 ……………… 66
30. 억지로라도 매일매일 기도하자 ……………… 69
31. 꼭 눈을 뜨고 기도하라 ……………… 71

4. 흔들림 없는 꾸준한 기도 / 77

32. 번뇌를 극복하면 업장소멸 되는 원리	79
33. 업장의 어둠을 일시에 없애는 자비광명	81
34. 번뇌망상의 극복은 크나큰 가피	82
35. 흔들리지만 말라	83
36. 당연히 하던 기도 계속해야	84
37. 무시할 수 없는 이가 기도를 흔든다	86
38. 기도시험에 넘어가지 말라	87
39. 고비를 못 넘기면 물거품이 된다	89
40. 끝까지 하면 마침내 성취된다	91
41. 두려워 말고 끝까지 기도하라	92
42. 속성취를 바라지 말라	93
43. 모든 것을 불보살님께 맡기고	96

5. 기도는 원(願)과 함께 / 99

44. 원 따라 인생이 달라진다	101
45. 원은 삶의 중심축	101
46. 원이 힘을 얻으면 성취한다	103
47. 기원·축원·서원의 차이	104
48. 상대를 향해 곧바로 축원하라	107
49. 원이 많다면 모두 발하라	108
50. 마음 밭에 심은 씨대로 나아간다	109
51. 의욕의 원도 탐욕의 원도	112
52. 탐욕의 기도라도 안 하는 것 보다는 낫다	115
53. 차츰 높은 원을 발하면 된다	117
54. 기복의 기도에서 수행의 기도로	118

6. 생활 속의 축원(祝願) / 121

55. 가족축원, 절대로 잊지 말라	123
56. 어디서나 한결같이 축원하라	124
57. 자식 사랑의 원이 넉넉한 마음을	126
58. 단 한가지 원이라도 참되이 발하라	128
59. 근심걱정의 극복은 축원으로	130
60. 구체적인 축원법	132
61. 축원하며 밥을 먹고 생활하자	134
62. 불전을 바치며 가족축원 꼭 하자	136
63. 나에 대한 축원을 빠뜨리지 말자	138
64. 모든 하소연을 부처님께 바치며	139

7. 가장 거룩한 발원 / 143

65. 가장 거룩한 발원은 자타일시성불도 … 145
66. 부처될 씨앗 심기 … 147
67. 나를 비울수록 커지는 행복 … 148
68. 중생무변서원도는 불도성취의 원동력 … 150
69. 사홍서원은 불교의 생명력 … 150
70. 주위를 살리는 원을 발하라 … 153
71. 대원을 품으면 무한행복이 깃든다 … 155
72. 자주 발할수록 좋은 대원 … 156
73. 합리적인 발원문 … 157
74. 오달국사의 업보 … 158
75. 대원을 발하면 업이 뒤로 물러선다 … 162
76. 원따라 살면 습도 넘어선다 … 164
77. 원력이야말로 무한행복의 열쇠 … 165

8. 불보살님의 기도가피 / 169

78. 세 종류의 가피	171
79. 현증가피란	172
80. 가끔씩 불보살님이 친히 나타난다	172
81. 현실 속의 현증가피들	175
82. 꿈을 통한 기도가피	176
83. 기도가 간절하면 몽중가피가	178
84. 명훈가피 속에서 살아가는 불자들	181
85. 명훈가피를 잘 느낄 수는 없지만	183
86. 명훈가피 입기는 어렵지 않다	186
87. 적은 노력으로 명훈가피를 입는 까닭	187
88. 매일 30분만 꾸준히 기도하면	189

9. 기도가피와 시절인연 / 191

89.	정성 다해 기도하면 앞뒤가 다 열린다	193
90.	마음을 하나로 모아가는 것이 정성	194
91.	정성에 정성을 더하여 기도하라	194
92.	정성을 다한 공은 사라지지 않는다	196
93.	인연이 무르익으면 성취는 자연	197
94.	가피도 시절인연이 있다	198
95.	업을 한꺼번에 녹인 기도가피	203
96.	시절인연 따라 원성취는 꼭 찾아든다	205
97.	조급증 내지 말고 정성껏 기도하자	210
98.	가피를 입은 다음에는	210
99.	기도는 복을 짓는 가장 좋은 방법	212

10. 하심과 기도성취 / 215

100.	빠른 성취를 원하면 하심하라	217
101.	하심은 자존심·이기심 내려놓기	218
102.	하심의 기도로 안 풀리는 일은 없다	219
103.	소동파의 하심과 오도	222
104.	하심하는 만큼 복이 담긴다	224
105.	하심과 참회와 감사	225
106.	기도를 자랑 말라	226
107.	물처럼 하심하면	228
108.	모든 것을 불보살님께 맡기고	229

1
기도란 무엇인가

1 어려움이 있으면 기도하라

문 기도는 누구나, 언제든지 할 수 있는 것인지요?

답 물론 누구나 할 수 있고, 언제나 할 수 있는 것이 기도입니다.

사람의 한평생 가운데 마음먹은 대로 되는 일이란 지극히 적습니다. 우선 생각과 말과 행동으로 지은 업들이 '나'의 앞길을 막고 있으니 마음먹은 대로 살 수가 없습니다.

뿐만이 아닙니다. 이 세상을 살아가고 있기 때문에 피할 수 없는 사람에 대한 걱정들 — 자기 걱정, 가족 걱정, 남에 대한 걱정 속에서 한평생을 지새우기 마련이요, 돈과 명예와 자존심 때문에 괴로워하고 괴로움을 당하기도 합니다.

그렇다고 사람에 대한 걱정과 모든 욕심을 남김없이 비우고 사는 것 또한 용이하지가 않습니다. 그리고 주위 사람의 도움으로도 이 어려움을 해결할 수 없을 때가 많습니다.

이렇게 현실적으로 고난에 처하여 있으면서 나의 힘으로도 주변의 힘으로도 그 어려움을 해결하지 못하게 되면 얼마나 답답하겠습니까? 바로 그때 하는 것이 기도요, 어렵고 힘든 일에 처한 사람이면 누구나 기도를 하는 것이 좋습니다.

그리고 어떤 일을 꼭 이루어야겠다고 생각한다면 특별한 노력을 기울여야 하는데, 그때 또한 필요한 것이 기도입니다. 기도가 힘과 끈기를 주기 때문입니다.

2 기도는 나를 바꾸는 원동력

문 기도란 무엇입니까?

답 기도(祈禱)는 절대적인 힘을 지닌 님에게 매달려 어려움을 극복하고 소원을 이루는 행법입니다. 부처님이나 큰 힘을 지닌 보살님께서 세운 근본 서원력(誓願力), '고통 받는 중생을 남김없이 구제하겠다'는 그 서원력에 의지하여 간절히 소원을 비는 방법이 기도인 것입니다.

어떠한 존재도 중생인 이상에는 그 자신의 힘으로 모든 것을 해결할 수 없습니다. 평소에는 당당하던 이들도 시련이 주어지고 고난이 닥쳐오면 아무 것도 할 수 없는 무기력한 존재가 되어 버리기도 합니다.

　어떤 사람이든 힘이 있고 자신이 있을 때는 자기 자신의 의지로써 살아갈 수 있습니다. 그러나 나약해지고 자신이 없을 때는 의지할 것이 있어야 합니다. 곧 신앙(信仰)이 필요한 것입니다.

　바로 그때, 나의 힘이나 나의 능력으로는 도저히 해결할 수 없는 어려움에 처하였을 때, 그 모든 고난을 넘어서는 힘을 불러일으키는 것이 기도입니다.

　다시 말하면 기도는 '나'를 바꾸는 원동력입니다. 업보중생의 업(業)을 녹이는 원동력이요, 불보살님의 대자비와 대지혜 속에서 새로운 삶을 여는 원동력이며, '나' 속의 영원한 생명력과 무한한 능력을 불러일으키는 원동력이 기도입니다.

3 기도는 자력과 타력의 조화

🟢 문 그럼 기도는 누가 해야 합니까? 다른 사람이 해주어도 됩니까?

🟢 답 물론 스님이나 부모 등 남이 해주는 기도도 많이 있습니다. 그러나 기도할 힘이 있다면 당사자인 '나' 스스로가 직접 기도를 하여 난관을 극복하거나 소원성취를 하는 것이 최상입니다.

어려운 현실만큼이나 절실한 마음으로 기도를 하여 참회의 눈물을 흘리면서 자비의 불보살님에게로 몰입하여 들어가면, 보다 쉽게 가피를 입어 능히 그 고난을 극복할 수 있게 되는 것입니다.

기도는 자력(自力)과 타력(他力)의 조화입니다. 중생을 구제하겠다는 '불보살의 근본 서원력'과 고난을 극복하겠다는 '나의 의지'가 합하여져서 결실을 맺는 것이 기도성취입니다. 기도하는 이들은 이 원리를 잘 새겨두시기 바랍니다.

4 대신 해주는 기도도 효과가 있다

문 내 기도는 내가 하는 것이 기본이라는 말씀이군요. 그런데 때로는 내 기도보다 아들딸 등의 가족을 위해 대신 기도를 하는 경우도 많이 있습니다. 대신 해주는 기도의 효과는 어떠한지요?

답 대신 해주는 기도라 하여 효과가 떨어지는 것은 아닙니다. 대신 해주는 기도의 원리는 햇빛을 거울로 받아 어두운 굴이나 방을 비춰 줌으로써 굴이나 방을 환하게 밝히는 것과 같은 것입니다.

내가 가족 가운데 한 사람을 생각하며 기도를 하면 불보살의 밝은 가피가 그에게로 향합니다. 남편이나 자식이 직접 기도를 하지는 않지만, 아내인 내가 기도하는 힘으로 가족 모두가 잘 될 수 있습니다.

특히 가족끼리는 뇌파작용이 어느 누구보다도 강합니다. 기도하면서 텔레파시를 보내면 불보살의 밝은 광명이 그 가족에게 전달이 되고, 그 가족이 밝은 광명을 받게 되면 어둠으로 인한 장애가 사라져서 뜻과 같이 이룰 수 있게 되는 것입니다.

5 자비광명이 임하면 어둠은 사라진다

문 어둠과 밝음의 비유로 기도 가피에 대해 다시 한 번 설명해 주십시오.

답 이 세상의 일이란 낮과 밤의 원리와 같은 것입니다. 어둠이 다하면 밝음이 오고, 밝음이 다하면 어둠이 오게 되어 있습니다. 이를 기도에 적용시켜 보면 어둠은 업장이요, 밝음은 가피입니다. 업장이 두터워 뜻과 같이 되지 않을 때 일월과 같은 부처님의 자비광명을 가족에게로 향하게 하면 틀림없이 어두움이 사라지고 밝음이 오게 되어 있습니다.

지금 큰 일이 눈앞에 이르렀다면 크게 마음을 일으켜 불보살님께 매달려 보십시오. '이것만은 소원성취하게 해달라'고, '잘못했으니 살려달라'고 하십시오. 불보살님께 매달려 온 힘을 다해 기도하면 부처님의 밝은 가피는 나에게 이르기 마련이요, 가피력이 나에게 이르면 어두운 업장이 밝은 가피로 바뀌면서 모든 일이 원만하게 풀리기 마련인 것입니다.

6 간절한 마음으로 매달리는 것이 기도

㉠ 기도를 하여 불보살의 밝은 광명이 임하면 소원을 성취할 수 있는데도, 불자들 중에는 기도를 매우 어렵게 생각하는 이들이 많이 있습니다. 특히 "불교의 기도는 마음을 비우고 해야 한다", "자기 자신을 위한 소원을 가져서는 안 된다"는 등의 말을 자주 듣게 되면 기도할 엄두조차 내지 못합니다. 과연 나를 비우고 자기 소원 없이 기도하는 것이 옳습니까?

㉡ 마음을 비우고 기도한다는 것. 물론 이것이 틀린 말은 아닙니다. 현실의 고난을 해결하기 위해 매달리는 기도가 아니라, 깨달음을 이루고자 기도를 하거나 성불을 하겠다며 기도를 할 때는 모든 욕망을 텅 비우고 해야 합니다. 그러나 일상적인 기도는 다릅니다. 다급한 소원이 있는데 어떻게 마음을 비우고 기도를 할 수 있겠습니까?

또 일체중생을 위한 기도라 할지라도 궁극적으로는 '나'의 해탈과 관련이 있으니, 따지고 보면 자신을 위하지 않는 기도가 이 세상 어디에 있겠습니까? 그러므로 기도를 복잡하게 생각할 필요가 없습니다.

쉽게 말해 기도는 비는 것입니다. "도와 달라, 구해 달라, 성취시켜 달라"고 비는 것이 기도입니다.

중생의 기도는 신앙(信仰)입니다. 도와 달라고, 되게 해 달라고 비는 신앙입니다. 따라서 기도를 할 때는 매달려야 합니다. 내 능력으로도 남의 도움으로도 어찌할 수 없는 것을 불보살님의 불가사의한 힘에 의지하여 '이루어질 수 있도록 해 달라'고 매달리는 것이 기도입니다.

나의 고난과 소원이 어떠한 것이든 불보살님은 마다하지 않으니, 너무 고상해지려하지 말고 정말 기도할 것이 있으면 열심히 열심히 매달리십시오.

처음부터 복잡한 형식이나 고차원적인 생각으로 기도에 임할 필요는 없습니다. 그냥 간절한 마음으로 불보살님을 생각하고 지극한 마음을 전하면 됩니다.

7 불교 기도의 특징

🈵 기도는 불교의 전유물이 아닙니다. 거의 모든 종교에서도 하나같이 기도를 합니다. 불교와 다른 종교의 기도에는 어떤 차이점이 있습니까?

㉰ 기도와 소원의 성취. 어찌 이것이 불교만의 전유물이겠습니까? 기독교·천주교·이슬람교·힌두교 등의 세계적인 종교나 각 국의 민간종교에서도 간절한 기도를 통하여 소원을 이루는 것을 중요한 목표로 삼고 있습니다. 심지어 어떤 종교에서는 '광(狂)'에 가까운 기도로 집단 최면 속에 들어가 나름대로의 성취를 안겨주는 듯이 느끼게 할 때도 있습니다.

그렇다면, 불교의 기도와 다른 종교의 기도는 같은 것인가? 불교만이 아니라 그 어떤 종교의 기도라도 똑같은 영험에 똑같은 결과가 있기 마련인 것인가?

아닙니다. 그렇지가 않습니다. 왜냐하면 기도 성취의 근거가 서로 다르기 때문입니다. 불교의 기도는 불성(佛性), 곧 부처나 중생 할 것 없이 누구나가 가지고 있는 참된 마음자리의 영원생명·무한능력을 의지하고 개발하는 데 비해, 타 종교의 기도는 인간이 스스로 설정한 바깥의 절대적인 존재에만 매달리는 것입니다.

따라서 불교의 기도를 하여 가피를 입은 사람은 자기의 참 마음자리 개발을 위해 꾸준히 수행하는 경우가 많고, 타종교의 사람들은 자기 개발보다는 절대자를 위한 헌신으로 나아가는 경우가 대부분입니다. '

8 불보살님의 요구는 간절함뿐

㉲ 고해의 파도를 타고 방황하는 이 사바세계의 중생에게 있어서는 자비의 빛으로 모든 생명을 비추어주고 구원해주는 불보살님이 계신다는 것 자체만으로도 마음이 든든해집니다. 크나큰 다행이 아닐 수 없습니다. 사실 조금은 어리석은 질문입니다만, 불교의 기도대상인 불보살님들은 기도하는 우리에게 요구하는 것이 없습니까?

㉠ 불교의 기도대상인 불보살님들께서는 우리에게 특별한 것을 요구하지 않습니다. 음식도 돈도 희생도 바라지 않습니다. 다만 잡됨이 없는 순수한 마음으로 불보살님께 귀의하여 현재 처해 있는 어려움과 어둠의 길을 열고자 하는 간절한 한 생각만을 바랄 뿐입니다. 왜냐하면 간절히 구하는 한 생각이라야 그분과 우리가 하나로 합하여질 수 있기 때문입니다.

그러므로 우리는 배고픈 어린아이가 어머니를 찾듯이, 병자가 훌륭한 의사를 찾듯이, 간절한 마음으로 애타는 믿음을 일으켜 불보살님께 의지하면 됩니다. 마음을 곧고 부드럽게 하여 오직 일념으로 어머니를 따르는 갓난아기처럼 불보살님을 따르고 귀의해 보십시오. 어머니가 어린 아기를 책임지듯이 불보살님도 우리와 하나가 되어 우리를 돌보아 주십니다. 그렇게 될 때 무엇이 고난으로 남고 문제로 남을 것입니까?

아기에게 그 무엇도 바라지 않는 어머니. 아기가 엄마의 품에서 오직 건강하게 자라기만을 바라는 어머니처럼, 불보살님은 그 무엇도 요구하지 않습니다.

9 기도는 돈으로 하는 것이 아니다

㉠ 그런데 불자들 중에는 돈이 없어 기도하는 것이 용이하지 않다는 분들이 더러 있습니다. 이 생각이 맞는지요?

㉡ 아닙니다. 기도는 돈으로 하는 것이 아닙니다. 돈을 앞세우면 오히려 삿된 쪽으로 흐를 수 있습니다. 물론 일정한 사찰 등에서 하는 기도에는 기도비가 없어 동참을 하지 못하는 경우도 있겠지만, 돈 없이 '나 스스로'가 할 수 있는 기도도 얼마든지 있습니다.

기도에 있어 가장 중요한 것은 정성스러운 마음입니다. 맑은 물 한 그릇을 올리고 불보살님의 이름만을 외워도 됩니다. 초 한 자루 물 한 그릇마저 올리지 못하여도 불보살님은 이를 마다하지 않습니다.

실로 불보살님께서는 복덕이 너무 많아 돈에는 관심이 없습니다. 그러니 돈 걱정 마시고, 기도하며 답답한 마음을 불보살님께 바쳐 보십시오. '나' 혼자 힘으로 어찌할 수 없을 때는 불보살님께 의지하고 매달려 조르는 것이 제일입니다. 돈 생각 말고 정성껏 기도하면 틀림없이 가피가 임할 것입니다.

10 한 만큼 이루어지는 바른 기도

문 잘못된 기도가 아니라 바른 기도를 하면 꼭 성취됩니까?

답 기도하는 사람은 자기 소원을 축으로 삼아 기도의 대상인 불보살님과 스스로의 톱니바퀴를 잘 맞추어야 하는데, 톱니바퀴가 잘 맞은 기도는 자기가 한 만큼 분명히 이루어집니다. 특히 바른 기도를 하면 꼭 이루어집니다. 순수한 마음, 간절한 마음, 올바른 믿음을 가지고 기도를 하면 바른 기도가 되어 가피가 저절로 따릅니다. 하지만 허황한 욕심과 잘못된 믿음으로 기도를 하면 그릇된 길로 빠져들게 됩니다.

바른 기도는 결코 우리를 속이지 않습니다. '내가 한 만큼은 분명히 이루어진다'는 믿음을 가지고 꾸준히 하다보면 자기도 모르는 사이에 기도성취 속으로 들어가게 됩니다.

이때부터 불자들은 '기도가 성취되느냐 안 되느냐'를 따지는 차원을 넘어서서, '기도를 꾸준히 하면 한 만큼 분명하게 성취되는 세계가 있다'는 것을 믿어야 합니다. 하루 기도를 했으면 하루 한 만큼 앞으로 나가고 이틀 기도를 하면 이틀 한 만큼 앞으로 나간다는 사실이 분명히 믿어진다면, 생각보다 훨씬 쉽게 원성취를 할 수 있습니다.

11 지나친 기대는 기도를 망친다

문 정말 기도만 해도 재앙소멸 또는 소원성취를 이룰 수 있습니까?

답 누구든지 바른 기도방법으로 정성껏 기도하면 반드시 소원성취를 할 수 있습니다. 마치 밥을 먹으면 누구나 배가 부르듯이, 어느 누구라도 바른 기도를 하면 소원을 이룰 수 있습니다. 하면 되는데 안 할 뿐입니다.

그냥 기도를 하기만 하면 재앙소멸 또는 소원성취를 이룰 수 있습니다. 하지만 '마냥 할 뿐' 처음부터 기대를 걸고 달려들지는 마십시오. '기대'가 기도성취를 가로막습니다.

'요만큼 기도하면 이만큼 돌아오겠지.'

이렇게 나의 일방적인 욕심으로 미리 계산을 해놓고 기대 속에서 행하는 기도는 자칫 그릇된 길로 우리를 몰고 갑니다. 동시에 기대 속에서 기도를 하는 사람은 쉽게 무너집니다. 그리고 탓을 합니다.

'부처님은 영험스럽지도 못해. 아무것도 아니야.'

그러므로 기도 성취의 시간도 장소도 궁금해하지 말고, 정성껏 원을 세워 기도하십시오. 작정하고 백일기도를 하였는데도 성취되지 않으면 '정성이 부족했는가보다' 생각하고 다시 백일기도를 하십시오. 때가 되면 성취는 스스로 다가옵니다. 스스로 정한 때보다 빨리 이루어질 수도 있습니다.

부처님의 법은 너무나 크고 넓어서, 그 법에 의지하면

바라는 것을 다 이룰 수 있습니다. 해탈을 바라고 부지런히 기도하면 해탈의 도가 이루어지고, 병 낫기를 바라면 병이 낫고, 아들딸 바로잡기를 바라면 아들딸이 바른 길로 돌아옵니다.

다시 한 번 강조하건대, 처음부터 기적을 바라는 기대심리로 기도하지는 마십시오. 반찬이 있건 없건 매일매일 밥을 먹듯이 꾸준히 정성들여 기도를 행하면 꼭 소원성취를 하게 됩니다.

12 '나'를 바로잡아 주는 기도

문 정성 들여 기도를 할 때 나타나는 가장 빠른 효과는 무엇입니까?

답 무엇보다도 기도가 '나의 중심을 잡아준다'는 것입니다. 자포자기하여 이기심을 따라 번뇌를 따라 흘러 다니는 나'를 바로잡아, 안정된 자리에 있게 해주는 것이 가장 빨리 나타나는 효과입니다.

우리가 어려움에 처하거나 방황을 하다가 '기도를 하

겠다'고 결심을 하면, 결심을 한 그 자체만으로도 중심이 바뀌기 시작합니다. 마치 의존할 데가 없어 두려움에 떨면서 방황하던 이가, 자신을 잡아주고 구해줄 존재가 옆에 있다고 확신을 하는 것만으로도 두려움이 줄어들고 안정을 되찾기 시작하는 것과 같습니다.

그러므로 기도를 시작할 때는 불보살님과 자신이 택한 기도에 대해 흔들림 없는 믿음을 가져야 합니다. 주춧돌이 흔들리면 행복의 집을 지을 수 없듯이, 신심의 주춧돌이 올바로 놓여 있지 않으면 기도성취가 요원해집니다.

반대로 흔들림 없는 마음으로 기도하면 자신이 안정되고, 안정이 되면 업의 매듭이 풀리고, 업의 매듭이 풀리면 모든 업장이 저절로 소멸되어 소원성취와 함께 행복이 담뿍 깃들게 되는 것입니다.

13 순수한 마음으로 순수한 기도를

문 기도성취를 할 수 있는 특별한 비결이 있습니까? 있다면 살짝 일러 주십시오.

㉠ 많은 이들이 기도를 합니다. 하지만 기도성취를 하는 이도 있고 못하는 이도 있습니다. 왜 못합니까? 기도를 하여 인(因), 곧 씨를 심었으면 과(果)인 열매를 거두는 것이 당연한 법인데, 왜 열매를 거두지 못하는 것일까요? 불보살님이 영험스럽지 못한 때문일까요?

아닙니다. 순수한 마음가짐으로 순수한 기도를 하지 못하기 때문입니다. 기도를 하면서 '나'를 내세우고, 소원이 이루어지게 될까 말까 의심을 하기도 하고, 다른 기도에 대한 유혹에 휩쓸리는데 어떻게 기도성취를 할 수 있겠습니까?

'나'를 비우고 불보살님께 온전히 내맡겨야 하는데도, '나'의 형편과 '나'의 고집에 빠져 기도를 하기 때문에 기도가 성취로 나아가지 못하는 것입니다.

부디 당부드리건대, 기도를 할 때는 순수한 마음으로 임하십시오. 순수한 마음가짐으로 적극적인 기도를 하십시오. 맑고 간절하고 지극한 마음으로 기도하십시오. 이렇게만 기도하면 불보살님의 톱니바퀴와 나의 톱니바퀴가 맞물려 크나큰 가피가 '나'에게로 다가서게 됩니다.

2
믿음과 기도성취

14 신심 없는 성취는 없다

문 "기도를 잘하면 못 이루는 소원이 없다"고 하는데, 왜 많은 사람들이 소원을 성취하지 못하는 것일까요?

답 여러 가지 요인이 있지만, 한 마디로 요약하면 기도하는 사람의 신심(信心)이 굳건하지 못한데서 찾을 수 있습니다.

불보살님에 대한 믿음, 기도하면 꼭 이루어진다는 신념이 굳건하지 못하기 때문에 쉽게 흔들리고, 쉽게 흔들리기 때문에 잠깐이라도 불보살님과 하나가 되는 삼매(三昧)의 경지에 이를 수 없습니다.

곧 기도를 하다가 잠깐만이라도 삼매에 들게 되면 성취를 보는 경우가 많은데, 가장 기본이 되는 신심이 견고하지 못하니 삼매와 요원하여 소원을 성취하지 못하는 것입니다.

그러므로 기도하는 불자들은 믿음만은 건고하게 세우고 기도를 해야 합니다. 주춧돌이 되는 믿음이 올바로 놓여 있지 않으면 집 전체가 흔들리고 무너질 수 있지만, 신심의 주춧돌만 바로 놓여 있으면 기도를 잘 할 수 있을 뿐 아니라 '나'는 꾸준히 향상할 수 있습니다.

15 빠른 성취는 확고한 믿음에서

문 기도에 있어 믿음이 그토록 중요한 것인가요?
답 그렇습니다. 부질없는 분별이나 의심에 동요되지 않게 마음을 잡아주는 확고한 믿음이야말로 우리에게 빠른 성취를 안겨줍니다. 한 예를 들겠습니다.

❁

일본의 대산청만(大山靑巒)이라는 문학박사 집에 늙은 하녀가 함께 있었는데, 묘하게도 병든 사람을 앞에 앉혀 놓고 몇 마디 중얼거리기만 하면 병이 낫는 것이었습니다.

미신임은 분명한데 병이 완쾌되는 것이 너무나 신기하였던 박사는 어느 날 그녀를 불러 물었습니다.

"당신이 외우는 주문이 무엇이오?"

"'오무기 고무기 이소고고'를 외웁니다."

듣고 보니 더욱 이상했습니다. 오무기는 보리요 고무기는 밀, 이소고고는 두되 다섯홉이라는 뜻이었기 때문입니다.

'보리 밀 두되 다섯홉이라는 말에 병이 나을 까닭이 없

는데…?'

가만히 생각해보니 그 구절은 『금강경』에 나오는 '응무소주이생기심(應無所住而生其心)'인 것 같았습니다. "응당 머무름 없이 그 마음을 낸다"는 응무소주이생기심을 일본 발음으로 하면 '오무소주이소고싱'입니다. 그런데 그녀는 '오무소주이소고싱'을 잘못 알아듣고 '오무기 고무기 이소고고'라는 비슷한 음으로 늘 외워왔던 것입니다.

"그 발음은 잘못되었으니 앞으로는 '오무소주 이소고싱'이라 하시오."

평소 존경하던 주인인 박사의 가르침을 받아들여 그녀는 다음부터 환자가 올 때마다 열심히 외웠습니다.

"오무소주 이소고싱, 오무소주 이소고싱…."

하지만 그 진짜 게송으로는 어떠한 사람의 병도 낫게 할 수가 없었습니다. 그녀는 다시 보리 밀 두되 다섯홉이라는 뜻의 '오무기 고무기 이소고고'를 외웠습니다. 그러자 이전과 같이 사람들의 병이 낫는 것이었습니다.

8

엉터리 주문으로는 병이 낫고 진짜 주문을 외우면 낫

지 않는 까닭이 무엇일까? 그 이유는 간단합니다. 박사가 가르쳐준 것이 올바른 것이기는 하지만 많이 외우지도 않았고, 또 '이렇게 외우면 병이 나을까?', '이것이 옳은가 그른가?' 하는 의심이 있는 반면, 오랫동안 외워왔던 엉터리 주문에 대해서는 확신이 가득하였기 때문입니다.

　이것이 바로 마음의 조화요 위력입니다. 따지고 분별하고 의심하기보다는 깊은 믿음 속에서 살아가면 문제는 차츰 사라집니다. 아무리 어렵고 힘들게 느껴지는 일도 한결같이 이어가면 마침내는 결실을 이루게 됩니다.

　또한 믿음은 우리에게 큰 용기를 줍니다. 믿음이 있으면 두려움과 불안감 없는 편안한 삶을 영위할 수 있고, 위기를 능히 대처할 수 있는 힘이 솟아납니다. 인생을 흔들림 없이 잘살고자 하고, 기도를 잘하고자 하면 무엇보다 먼저 믿음을 잘 정립해야 합니다. 믿음이야말로 도(道)에 들어가는 첫 단계이기 때문입니다.

16 바른 믿음의 대상

❓ 그럼 어떠한 존재를 믿음의 대상으로 삼아야 합니까? 바른 믿음의 대상은 어떠한 분이신지요?

❗ 믿음의 대상을 아무렇게나 선택하여서는 안 됩니다. 현재의 불안감을 해소하고자 아무나 선뜻 믿어서는 안 됩니다. 나를 맡기고, 평생을 의지해야 할 대상답게 깊이 알아보고 선택해야 합니다. 과연 어떠한 존재를 믿어야 하는가?

무엇보다 먼저 큰 힘이 있는 분이어야 합니다. 큰 힘이 있어야 능히 '나'를 고난으로부터 구제해 줄 수가 있기 때문입니다. 하지만 힘이 있다 하여 무조건 믿고 의지해서는 안 됩니다. 큰 힘과 함께 대자비심을 갖춘 분이어야 합니다.

산신·수신·서낭신 등의 민간에서 믿는 신들도 우리 인간들보다는 힘이 셉니다. 때로는 영가들도 살아 있는 우리들보다 힘이 강할 때가 있습니다. 그렇다고 그분을 믿고 의지를 할 것입니까?

염라대왕의 비유는 더욱 적절할 것입니다. 업의 심판관인 염라대왕이 비록 큰 힘을 갖추고 있기는 하지만, 염라대왕을 믿음의 대상으로 삼을 수는 없습니다. 왜냐하면 염라대왕은 업의 심판이라는 자신의 책무만 다할 뿐, 대자비심이 없기 때문입니다.

특히, 우리가 믿고 의지해야 할 그 '님'이나 그 집단이 보상을 바라거나 우리에게 희생을 강요한다면 절대로 참된 믿음의 대상이 될 수 없습니다. 고난과 두려움을 면하게 해주겠다며 재산을 요구하거나 육체적·정신적인 헌신을 요구한다면 그 종교는 곧 사교입니다.

현재 우리 사회에는 인간의 욕망과 두려움을 이용하여 그들 속으로 끌어들인 다음, 재산의 헌납을 요구하고 감금과 폭력을 행사하는 종교까지 있습니다. 이를 어찌 인간을 행복의 길로 인도하는 바른 종교라 할 수 있겠습니까?

꼭 명심하십시오. 훌륭한 믿음의 대상은 우리에게 절대로 보상을 바라지 않습니다. 한량없는 자비심과 사랑으로, 고난과 두려움으로부터 중생들을 조건 없이 해탈시켜 주어야만 바른 종교요, 능히 중생의 의지처가 될 수 있는 것입니다.

부처님과 대보살님은 큰 힘과 함께 대자비심을 갖춘 분이요, 조건 없이 소원을 성취시켜 주고 해탈시켜 주는 분입니다. 고난에 처한 우리들이 마음을 모아 불보살님께 귀의하여 기도하면 틀림없이 업장을 녹여 고난으로부터 해탈할 수 있게 해준다는 것을 많은 불경에서 한결같이 설하고 있다는 것을 잊지 마시기 바랍니다.

17 기도성취의 근거는 불보살의 본서원력

🙋 지은 업에 따라 과보를 받는 인과의 법칙은 불변이라고 합니다. 그런데 불보살님께 기도를 한다고 하여 고난의 업장이 녹을 수 있는지요? 인과의 법칙이 명백한 이 법계에서 이와 같은 일이 가능할 수 있는 근거가 무엇입니까?

🙆 그 가능성은 중생인 '나'로 인해 생겨난 것이 아닙니다. 바로 불보살님의 본서원력(本誓願力), 곧 부처님이나 대보살님들이 보살행을 닦아 익힐 때 세운 중생제도의 원(願) 덕분입니다.

모든 불보살님들은 중생의 기도와 업장참회를 받아들여 고난을 제거해주고 행복을 안겨주겠다는 것을 근본원력으로 세우게 됩니다. 그리고 그 원을 성취하기 위해

갖은 시련을 극복하며 힘을 길렀으며, 그 힘으로 중생구제를 하는 것입니다.

한 예를 들겠습니다. 업보가 가득한 중생은 지극히 행복한 세계인 극락에 태어나는 것이 불가능합니다. 하지만 아미타불의 근본 서원력이 중생의 극락왕생을 보장하고 있기 때문에 두터운 업장을 지닌 우리도 극락세계에 태어날 수 있는 것입니다.

그러나 아무리 중생구제의 서원력이 큰 아미타부처님이라 할지라도 전혀 마음이 없고 전혀 노력하지 않는 중생까지 극락으로 데려가지는 않습니다. 왜냐하면 그와 같은 이에게는 씨[因]가 없기 때문입니다. 극락의 연지(蓮池)에서 피어날 연꽃의 씨를 갖추고 있지 않기 때문입니다. 하지만 최소한의 노력과 관심을 기울이는 자라면 누구나 극락정토에 태어날 수 있습니다.

잊지 마십시오. 우리를 고난으로부터 해탈시켜주는 가장 큰 힘은 불보살님의 원력입니다. 그 원력 덕분에 우리는 믿음 속에서 기도를 하고 참회만 하면 됩니다. 불보살님의 밝은 이름을 외우며 기도를 하면 불보살님의 서원력에 의해 장애를 일으켰던 죄업들이 남김없이 소멸되면서 소원성취는 물론이요 편안함을 얻게 되는 것입니다.

18 배는 바위도 능히 실어 나른다

㉥ 기도를 하면 불보살님의 본서원력이 중생의 업장을 극복할 수 있게 한다는 가르침을 비유를 통하여 보다 쉽게 설명해 주십시오.

㉠ 예부터 중생의 업장은 돌에 비유하고 불보살의 본서원력은 배에 비유하고 있습니다. 아무리 작은 돌이라도 물에 뜰 수는 없습니다. 그러나 몇 십 톤에 이르는 바위라도 배에 싣는다면 능히 물 위에 뜰 수 있습니다.

질이 나쁜 죄업을 지었으면 당연히 고난에 휩싸이기 마련이지만, 기도를 통하여 불보살님의 본서원력이라는 배에 올라타고 고해를 건너면 능히 피안의 세계에 이를 수 있는 것입니다.

19 불보살은 중생을 위해 존재한다

㉥ 과연 불보살님과 우리 중생은 어떠한 관계 속에 있습니까?

㉠ 불보살님과 중생은 뗄래야 뗄 수 없는 관계에 있습

니다. 불보살님의 깨달음과 지혜와 자비와 복덕은 볼보살님을 위해 있는 것이 아닙니다. 우리들 중생을 위해 있습니다. 우리 중생이 깨달음과 지혜와 자비와 복덕의 길로 나아가지 않으면 불보살님은 할 일이 없어집니다.

중생과 불보살님의 관계는 마치 식물들과 땅과의 관계와 같습니다. 식물들이 그 자신을 땅에 맡기면 땅은 그 자신을 식물들에게 맡겨 모든 영양분을 공급합니다. 이처럼 우리가 스스로를 불보살님께 맡길 때, 부처님 역시 자신을 우리에게 맡겨 우리를 살아나게 만듭니다.

믿음 깊은 진정한 귀의, 믿음 깊은 진정한 기도는 불보살과 '나'를 하나로 엮습니다. 서로가 서로를 맡겨 하나로 엮어진다면, 불보살님의 큰 자비 속에서 녹아내리지 못할 중생의 업이 어디에 있으며 이루지 못할 소원이 어디에 있겠습니까? 오로지 '나'의 마음가짐을 참되이 하여 귀의의 사이클, 기도의 사이클을 잘 맞추기를 당부 드립니다.

20 기도성취의 비결은 '간절 절'

🌀 불보살님과 중생의 이러한 관계 속에서 행하는 믿음 깊은 기도, 신심 있는 기도, 사이클이 맞는 기도란 도대체 어떤 기도입니까?

🌀 한마디로 하면 '간절 절(切)'의 기도입니다.

기도를 할 때는 간절한 마음, 지극한 마음 하나면 족합니다. 복잡한 형식이나 고차원적인 사상이 필요한 것이 아닙니다. 그냥 간절하게 부처님을 생각하고 지극한 마음을 전하면 됩니다.

간절하고 지극해지는 비결은 깊은 믿음 속에서 마음을 하나로 뭉치는 것입니다. 기도하는 사람은 반드시 소원이 있기 마련이고, 그 소원을 이룩하고자 하는 마음이 하나로 뭉쳐져야 합니다.

"잘되게 해주소서. 잘되고 있습니다. 잘되게 해주셔서 감사합니다. ……."

이렇게 마음을 하나로 모아 간절히 기도하면 반드시 소원을 성취할 수 있게 됩니다. 그러나 간절함을 오래 유지하기란 쉽지 않습니다.

기도를 하다보면 처음 얼마 동안은 마음이 잘 모아지

지만, 조금 지나면 갖가지 상념들이 많이 일어나게 됩니다. 몸이 고단하다는 생각, 내가 올바른 방법으로 기도하고 있는가 하는 생각, 공연한 기도가 아닌가 하는 생각…. 이러한 생각들이 기도를 망칩니다.

모름지기 기도를 하는 사람은 자신을 나약하게 만드는 수많은 생각들을 잘 단속해야 합니다. 오히려 잡생각이 일어날수록 마음을 굳게 다져 열심히 기도해야 합니다. "나를 속일 불보살님은 없다"는 확실한 믿음을 가지고 더욱 부지런히 기도해야 합니다. 회의가 생기고 잡념이 일어나는 고비를 만나면 거듭 소원을 곧게 세우고 더욱 간절한 마음으로 기도해야 합니다.

물체의 형상이 길면 그림자도 길고 소리가 크면 메아리도 크듯이, 내가 드리는 믿음과 정성이 크면 클수록 불보살님의 감응도 크게 다가오는 법입니다. '간절 절(切)' 이 한 글자가 온몸에 사무치도록 불보살님께 매달려 기도해 보십시오. 자기도 모르게 삼매에 빠져들어 반드시 불보살님의 가피력을 크게 입게 될 것입니다.

21 간절하고 지극하면 통한다

🔹 지극한 기도, 간절한 기도에 대한 신심을 북돋을 수 있게끔 영험담을 하나 들려주십시오.

🔹 조선시대의 대표적인 암행어사 박문수(朴文秀: 1691~1756)의 태어남은 이 간절하고 지극한 기도의 결실입니다.

❁

박문수의 집안은 대대로 높은 벼슬을 한 이름 있는 가문이었습니다. 그러나 박문수의 부모는 늦도록 자식을 두지 못하여 애를 태웠습니다. 하루는 부부가 머리를 맞대고 상의했습니다.

"우리가 자식을 보지 못하는 것은 아무래도 전생에 닦은 복이 없어서인 듯합니다. 오늘부터라도 복을 지으면 틀림없이 과보가 있을 것이오."

부부는 세상에서 가장 크게 복을 짓는 일이 삼보에 대한 공양이라 생각하고, 닷새에 한 번씩 돌아오는 장날마다 시장에 나타나는 스님 한 분을 모셔와 대접을 하기로 하였습니다. 그리고 오직 자식 하나를 얻겠다는 일념으로 5일에 한 번씩 스님을 모셔 와서 성심성의껏 공양을 올렸습니다.

그렇게 하기를 만 3년이 되던 날, 하인이 시장으로 스님을 청하러 갔으나 그날따라 스님은 한 분도 보이지 않았습니다. 날이 저물도록 기다리니 얼굴이 부어터지고 손과 발에서 고름과 피가 흐르는, 그야말로 문둥병에 걸린 스님 한 분이 나타났습니다.

데리고 갈까 말까 망설이다가 다른 스님이 없었으므로 하는 수 없이 모시고 가서 대문 밖에 기다리게 하고 주인에게 사정을 아뢰자, 주인은 흔쾌히 명했습니다.

"빨리 스님을 사랑채로 모셔 오너라."

스님이 사랑채로 들어가는데 발에서 피고름이 흘러내려 마루와 방바닥을 더럽혀 놓았지만, 그들 부부는 조금도 불쾌하게 여기지 않고 기꺼이 음식을 공양하였습니다. 음식을 먹는데도 수저에 피고름이 묻고 음식에도 흘러 보기 흉한 지경이었지만, 그들 부부는 조금도 싫어하는 마음을 갖지 않았습니다. 문둥이 스님이 공양을 마치고 일어나자 주인은 대문 밖까지 배웅하며 말했습니다.

"다른 곳에 가서 우리집 사랑에서 공양을 대접받았다는 이야기는 하지 마십시오."

"당신도 다른 곳에 가서 문수보살을 친견했다고 말하지 말라."

문둥이 스님은 이 말을 남기고 홀연히 사라졌습니다. 그로부터 얼마 후 부인은 아이를 가져 마침내 아들을 낳았고, 문수보살(文殊菩薩)을 친견하고 낳은 아이라 하여 '문수'라 이름 지었으나, 성인의 이름을 그대로 쓸 수가 없어 뒷 글자를 '빼어날 수(秀)' 자로 하였다고 합니다.

§

자식을 얻어 대를 잇겠다는 박문수 부모의 간절한 마음, 그리고 스님들에 대한 지극한 마음. 이렇듯 간절하고 지극한 마음이면 이루지 못할 것이 없습니다. 우리 또한 참된 불자의 삶을 바라고 진정한 행복을 바란다면 간절하고 지극한 마음으로 살아야 합니다. 이것이 기도입니다. 마음을 지극히 모으는 것이 기도입니다. 이밖에는 특별한 비결이 없습니다.

염불을 하든 절을 하든 사경을 하든 봉사활동을 하든, 모름지기 마음을 지극히 모아서 하면 소원성취는 반드시 우리의 것이 됩니다. 우리라고 못 이루고 못 할 것이 무엇입니까? 꼭 이룰 소원이 있으면 원을 세우고, 지극하고 간절한 기도를 해보시기 바랍니다.

22 꾸준한 기도는 큰 힘을 발휘한다

문 바쁘게 세상살이를 하다 보면 간절하고 지극한 기도생활을 하기가 쉽지 않습니다. 또 다급한 소원이 없으면 간절함이나 지극함이 잘 우러나오지 않습니다. 이러한 때에는 어떻게 해야 하는지 좋은 방법이 없을까요?

답 지당하신 질문입니다. 특별한 상황에 처해 있거나 전문 기도인이 아니라면 간절하고 지극한 기도를 하기가 용이하지 않습니다. 하지만 하루에 30분 또는 1시간 정도의 시간은 낼 수 있지 않겠습니까? 그 시간 동안만은 깊은 믿음 속에서 간절하고 지극한 마음으로 기도할 수 있어야 합니다. 곧 집중해서 기도하라는 것입니다.

만일 그 시간 동안에도 집중이 잘되지 않는다면, 이 박문수 부모님의 경우처럼 꾸준하게만 계속 하고자 하십시오. 꾸준한 기도는 참으로 큰 힘을 발휘합니다. 매일 30분의 염불, 금강경 1편의 독송, 108배의 절 등 어느 하나만이라도 꾸준히 계속하게 되면 그 공력(功力)이 쌓이고 쌓여 평생을 별 어려움 없이 지내게 되며, 지위도 오르고 경제력도 저절로 뒤따르게 됩니다. 나아가 신심이 깊어지고 참된 삶을 영위하게 됩니다.

하루 30분, 1시간의 기도가 평생을 평안하고 향상된 길로 이끈다는 것을 꼭 명심하시고, 불보살님께 깊은 믿음을 바치면서 기도하는 일과를 거르지 마시기를 당부 드립니다.

3
번뇌망상과 업장소멸

23 기도의 최대 장애는 번뇌망상

㉄ 기도를 하다 보면 참으로 번뇌망상이 많이 일어납니다. 번뇌 때문에 정성스러운 기도를 할 수가 없습니다. 이렇게 번뇌에 시달리며 기도를 해도 되는 것인지요?

㉅ 불자님만 번뇌망상 때문에 시달리는 것이 아닙니다. 저에게 물어오는 기도 상담 내용 중 가장 많은 것이 번뇌망상에 대한 것입니다.

참으로 번뇌망상은 기도의 최대 장애입니다. 번뇌망상만 없으면 금방이라도 기도삼매에 빠져들어 불보살님의 가피를 입고 소원을 성취할 것 같은데, 번뇌 때문에 마음을 하나로 모을 수가 없고 제대로 된 기도를 하기가 힘이 듭니다.

그럼 어떻게 하여야 기도의 가장 큰 훼방꾼인 번뇌망상을 잘 다스릴 수 있는가? 무엇보다도 번뇌망상에 대한 우리의 생각부터 재정립해야 합니다.

24 번뇌망상은 나의 업력이요 업풍

문 어떤 식으로 번뇌망상에 대한 생각을 재정립해야 합니까?
답 대부분의 불자들은 번뇌망상을 기도를 방해하는 적 또는 원수처럼 생각합니다. 그래서 번뇌망상과 싸움을 하고 번뇌망상을 없애기 위해 몹시도 애를 씁니다. 하지만 번뇌망상은 파도와 같고 구름과 같은 것입니다. 마음의 바다에 바람 따라 생겨났다가 자취 없이 꺼지는 파도와 같고, 맑은 하늘에 홀연히 일어났다가 스르르 흩어지는 한 조각의 구름과도 같은 것이 번뇌망상입니다.

곧 번뇌망상은 파도나 구름처럼 고유한 실체가 없고 참다운 뿌리가 없는 것입니다. 실체도 뿌리도 없는 파도와 구름! 출렁이는 파도를 누가 잠재울 수 있습니까? 뜬구름을 누가 흩어버릴 수 있습니까? 누구도 그렇게 할 수는 없습니다. 그런데 때가 되면 저절로 꺼지고 저절로 흩어지는 것이 파도요 구름입니다.

여기서 우리는 분명히 알아야 합니다. 그 번뇌망상이 밖에서 온 것이 아니라 우리들 마음의 바다에서 생겨난 파도요 일심의 하늘에서 일어난 구름임을 알아야 합니다. 그 파도 또한 바닷물이요, 구름이 있는 곳 역시 하늘이라는 것을 알아야 합니다.

 분명히 명심하십시오. 어떠한 번뇌망상도 마음 밖에서 온 것은 없습니다. 우리의 업력(業力)이 번뇌를 만들었고 우리의 업풍(業風)이 망상을 불러일으켰다는 것을 깨달아야 합니다. 스스로의 애착으로 만들어 낸 우리의 업력, 집착에서 비롯된 우리의 업풍이 번뇌망상이 되어 우리의 기도를 방해하는 것입니다.

25 망상을 극복하면 업장이 소멸된다

㉲ 기도 중의 번뇌망상이 나의 업 때문이라니? 조금 더 소상히 일러 주십시오.

㉡ 업장 소멸하는 기도는 거울과 같은 것입니다. 기도라는 거울에 '나'를 비추어보면 내가 짓고 집착하고 쌓아놓은 업장이 어떠한 것인지를 잘 알 수 있게 됩니다. 그 업들이 번뇌망상이 되어 불현듯 나타나기 때문입니다.

 염불·절·독경·사경·주력 등과 함께 기도를 하면

가장 가까운 시절에 가까운 사람과 있었던 일들은 나풀거리는 번뇌가 되어 사라지지를 않고, 마음 깊이 맺혀 있는 업장들은 묵직한 망상을 꾸준하게 불러일으킵니다.

그런데 이 번뇌망상이 나쁘기만 한 것은 아닙니다. 이 번뇌망상을 잘 다스려 일념의 기도로 바꾸면 업장소멸이 이루어지고, 업장소멸이 되면 기도소원은 자연스럽게 성취됩니다.

실로 우리에게 번뇌망상이 없다면 기도할 필요도 없습니다. 번뇌망상이 없으면 마음이 평온해지고, 마음이 평온하면 평화롭게 잘 살 수 있는데 굳이 따로 기도를 할 필요가 있겠습니까?

번뇌망상을 극복하면 능히 업장을 소멸시킬 수 있고 기도 성취를 할 수 있음을 꼭 기억하시고, 번뇌망상을 잘 다스려 보시기 바랍니다.

26 번뇌와 싸우지 말라

문 번뇌망상을 다스리는 특별한 방법이 있습니까?

�답   있습니다. 번뇌망상에 끌려가지 말아야 합니다. 번뇌망상을 미워하거나 싫어하지 않아야 합니다. 왜 기도하는 우리는 마음의 바다에, 일심의 하늘에 나타난 번뇌망상을 원수처럼 미워하고 싫어하고 없애려고 애를 씁니까? 저절로 사라질 번뇌망상을 왜 굳이 잡고 싸워야 합니까?

번뇌의 속성은 순간적으로 일어났다가 사라지는 것입니다. 번뇌망상은 실체가 없고 뿌리가 없는 것이기 때문에, 집착하지 않고 내버려두면 저절로 사라지기 마련입니다. 하지만 집착을 하고 없애고자 하면 끊임없이 꼬리를 물고 일어나는 것이 번뇌망상입니다.

집착으로 인해 생겨난 우리의 업도 처음 단계에서 놓아버리면 별 장애 없이 소멸되는데, 그 업에 대한 집착을 놓지 못하기 때문에 자꾸자꾸 업장이 두터워지는 것과 같은 원리입니다.

모름지기 번뇌망상이 일어나거든 '아, 일어났구나' 하면서, 다시 기도에 집중하십시오. 번뇌를 없애고자 하거나 따라가는 것이 아니라, 불보살님께로 돌아가고 축원으로 돌아가면, 번뇌망상은 저절로 사라지고 집중으로 인한 삼매의 힘이 생겨나 원대로 성취할 수 있습니다.

27 번뇌는 기도가 조금씩 된다는 증거

문 그렇게 하여도 번뇌망상이 자꾸 일어날 때는 어떻게 다스려야 합니까?

답 기도 중에 번뇌망상이 많이 일어난다고 하여 조금도 걱정할 필요는 없습니다. 오히려 그것은 너무나 당연한 현상입니다. 그러므로 '이제 업이 녹으려 하는구나', '업장이 소멸될 시절이구나' 생각하며, 불보살님께 더 마음을 바쳐야 합니다.

우리가 기도를 한다고 하여 평소의 생활 속에서보다 번뇌망상이 더 많이 일어나는 것이 아닙니다. 정확히 말하면, 기도가 조금씩 잘되고 있기 때문에, 곧 마음이 맑고 고요해지고 있기 때문에 번뇌망상이 많은 듯이 느껴질 뿐입니다.

우리의 몸과 마음을 항아리와 그 속에 담긴 물로 비유해 보십시오. 평소 '나'의 항아리는 생존경쟁 속에서 심하게 요동을 치고 있습니다. 돈과 이성과 출세와 명예, 그리고 스스로가 필요하다고 생각하는 것들을 좇아 심하게 흔들리고 있습니다.

하지만 일상적인 삶 속에서는 항아리와 항아리 속에

담긴 물이 함께 움직이기 때문에 그 물이 심하게 출렁이고 있다는 것을 쉽게 느끼지 못합니다. 그러나 기도를 하여 요동치던 항아리를 정지시켜 보십시오. 바로 그때 항아리 속의 물은 어떻게 됩니까?

항아리는 멈추었어도 물은 계속 출렁입니다. 오히려 얼마 동안은 갑자기 멈춘 충격 때문에 평소에 느껴보지 못했던 강한 출렁임 속에 젖어들게 됩니다. 그러다가 시간이 더욱 흐르면 물의 출렁임도 차츰 멎게 되고, 물이 고요해짐에 따라 물속의 찌꺼기인 번뇌도 서서히 가라앉게 되는 것입니다.

이렇게 보면 기도를 하다가 번뇌망상이 죽 끓듯이 일어나도 두려워 할 까닭이 없습니다. 비록 마음의 파도인 번뇌망상이 심하게 일어나 방해할지라도 당연한 것으로 받아들이면서, 절·염불·주력·독경·간경·참회 등의 기도에 더욱 마음을 모아보십시오. 업장이 녹고 업풍(業風)이 멈추고 업운(業雲)이 흩어지고 업파(業波)가 잦아들면서, 삼매의 힘이 샘솟아 맑고 밝고 평화롭고 아름다운 경지가 모습을 드러내게 됩니다.

28 망상을 좇아가면 기도를 망친다

㉲ 번뇌망상을 없애고자 하지도 말고 따라가지도 말라고 하였습니다. 만약 번뇌망상의 흐름에 깊이 빠져들면 어떻게 됩니까?

㉰ 어느 한 스님이 영험 있는 기도도량에서 백일기도를 했습니다. 열심히 '관세음보살'을 외우며 70일 가량 기도하였을 때, 문득 '관세음보살을 열심히 부르면 수미산 꼭대기나 금강산에서 떨어져도 털끝 하나 다치지 않는다고 하셨지. 시험해보자'는 생각이 치솟았습니다.

그 생각에 사로잡힌 스님은 목탁을 치며 법당 밖으로 나가 30m가 넘는 절벽 아래로 뛰어내렸습니다. 물론 스님에게는 죽음만이 기다리고 있었고….

기도인이 번뇌망상의 흐름에 빠져들면 가피 대신 망조(亡兆)만이 가득해 집니다. 번뇌망상이 앞을 가린 향상의 길이란 없습니다. 망상이 앞선 기도의 결과는 허망일 뿐입니다.

이 이야기가 일러주듯이, 기도를 하면서 목표를 향해 나아갈 때 헛된 망상에 사로잡혀서는 안 됩니다. 망상을 따라가지 않고 30일만 더 꾸준히 기도하였다면 소원 성취를 하였을 것을, 일어나는 망상에 집착하고 스스로를 흔들어 죽음을 불러들인 것입니다. 더욱이 관세음보살님을 시험하고 망상실험까지 하였으므로 어찌 죽지 않을 수 있었겠습니까? 그 망상이 스스로를 망치는 쪽으로 끌고 간 것입니다.

내가 번뇌망상을 일으켜 나를 흔들고, 내가 번뇌망상에 집착하여 나를 해친다는 것. 이것이 번뇌망상의 가장 큰 문제입니다.

부디 헛된 번뇌망상에 사로잡히지 마십시오. 향상의 길, 소원성취의 길에 방해가 될 뿐입니다. 반대로 번뇌망상을 따라가지 않고 꾸준히 기도하면 반드시 일념을 이루어 소원을 성취하게 됩니다.

적당한 기도, 요행을 바라는 기도는 번뇌망상을 더 도우니만큼, 굳건한 신심으로 정성을 모으고 또 모아 보십시오. 번뇌망상이 차츰 가라 앉으면서 일념으로 뭉쳐지게 됩니다.

29 요행수가 아니라 정성 담은 기도를

문 적당한 기도, 요행을 바라는 기도가 오히려 번뇌망상을 돕는다고 하였는데, 어떤 식의 기도가 요행을 바라는 기도입니까?

답 요행을 바라는 기도란, 정성은 다하지 않고 은근히 바라는 마음으로 기도하는 것을 말합니다.

"점장이가 소원성취할 수 있다고 했으니 기도나 한번 해볼까?"

"내가 많은 돈을 시주하였으니 기도를 조금만 하여도 부처님께서 봐주시겠지."

이렇게 요행수를 바라는 기도는 마음에 때를 잔뜩 끼게 만들고 번뇌망상을 불러 일으켜, 업장소멸은커녕 업장을 더욱 두텁게 만들어 버립니다. 요행을 바라는 기도와 참된 기도가 함께 담겨 있는 이야기 한 편을 소개하겠습니다.

❊

조선 영조 때, 강원도 강릉에 살았던 성(成)씨 총각은 과거를 보기 위해 서울로 오다가 가평 현등사에 이르렀습니다. 성씨 총각은 오랫동안 비어 폐사가 되다시피한 현등사 법당 앞에서 지고 다니던 작은 솥에 밥을 지었습니다.

성총각이 막상 밥을 먹기 시작하려는데 법당 안의 부처님이 눈에 들어왔습니다. 은근히 기대고 싶은 생각이 들어 부처님 앞에 밥을 한 그릇 올렸습니다. 하지만 양반 체면에 절을 할 수는 없고, 과거는 붙었으면 싶어 퉁명스레 내뱉었습니다.

"어이, 부처. 내 밥 먹고 과거에 합격시켜줘."

물론 성총각은 과거에 낙방했습니다. 힘없이 고향으로 돌아가던 길에 다시 현등사에서 하룻밤을 머물게 된 총각은 부처님을 보며 원망했습니다.

"누렇게 해가지고 사람들 속이고 있네. 내 밥만 한 그릇 다 먹고…."

그날 밤, 금빛 갑옷을 입은 신장이 나타나 성총각을 발로 짓밟고는 꾸짖었습니다.

"이놈아, 누가 네 밥을 먹었다더냐? 과거에 급제할 자신이 없어 요행을 바라며 밥을 올린 주제에 왜 허물을 부처님께 돌려? 네가 지나가는 사람에게 밥 한 숟갈이라도 준 일이 있느냐? 도대체 무슨 공덕 지은 것이 있다고 원망이냐?"

성총각은 가위에 눌려 깨어났고, 생각을 해보니 신장의 말씀이 조금도 틀리지 않았습니다. 고향집에 도착한 총각은 아버지께 현등사에서 있었던 일을 아뢰었고, 아버지는 뜻밖의 말씀을 하셨습니다.

"그 절과 너와는 인연이 있는가 보구나. 네가 장가들 밑천을 지금 모두 줄터이니 가지고 가서 그 절을 중수하여라. 절을 고친 다음에는 예불을 올릴 스님을 모셔다 놓고 글을 읽어라. 틀림없이 과거에 급제할 듯 하구나."

성총각은 아버지의 말씀대로 현등사를 고치고 스님을 모셔, 아침저녁으로 함께 예불을 올리면서 3년 동안 글을 읽었습니다. 마침내 성씨 총각은 대과(大科)에 급제하였고, 그 사연을 들은 임금은 '대선급제사(大選及第寺)'라는 편액을 하사하였습니다.

※

이 이야기가 일러주듯이 기도는 정성으로 하는 것입니다. 마음에서 우러나오는 기도를 하고 정성으로 기도를 하면 기도하는 그 순간부터 마음이 맑아지고 밝아지고 아름다워집니다.

반대로 요행을 바라고 적당히 기도를 하면 오히려 번

뇌만 더할 뿐입니다. 업장만 더 두터워질 뿐입니다.

"어이, 부처. 내 밥 먹고 과거에 합격시켜줘."

마음에 교만이 가득하고 바라는 요행 때문에 망상이 죽 끓듯 하는데, 어떻게 업장이 녹으며 성취를 볼 수 있겠습니까? 그래서 정성이 깃들지 않은 요행의 기도를 특별히 경제하는 것입니다.

30 억지로라도 매일매일 기도하자

문 번뇌가 많은 초보 기도인에게 꼭 필요한 한마디 말씀을 부탁드립니다.

답 기도는 우리가 행복할 때만 시작하는 것이 아닙니다. 오히려 아프고 이겨내어야 할 것이 있을 때, 나의 힘이 미약하다고 느껴질 때 많이들 시작합니다. 그리고 마침내는 소원을 성취하고 행복을 얻고자 합니다.

이미 무수히 많은 분들이 기도를 하여 뜻을 이루었는데, 지금 우리라고 하여 이루지 못할 까닭이 없습니다. 누구를 가릴 것 없이 부지런히 기도하면 반드시 소원을 성취하고 절대적인 행복을 영위할 수 있습니다.

　초보자들은 욕심이나 기대로 기도를 시작하는 경우가 많습니다. 기도의 시작이 욕심에서 출발하였건 기대에서 출발하였건, 관건은 부지런히 하는 것입니다. 부지런히 해 나가다 보면 어느 순간에 각종 번뇌망상을 벗고 기도가 자리를 잡게 됩니다.

　부지런히 기도하십시오. 초기에는 하는 수 없습니다. 억지로 어거지로라도 하십시오. 매일매일 기도에 시간을 할애하고 마음을 투자하십시오. 부지런히 몰아쳐 가다보면 저절로 기도의 길이 잡힙니다.

　어떻게 길을 잡아가느냐? 우룡스님께서는 '장에 데리고 가는 돼지'의 비유를 즐겨 드십니다.

　자동차가 많지 않았던 시절, 농부가 집에서 기른 돼지를 장에 팔러 갈 때는 회초리를 이용했습니다. 돼지는 앞에 가게 놓아두고 회초리를 쥐고 따라가다가, 돼지가 길 밖으로 벗어나거나 먹이를 좇아 남의 밭으로 들어가려하면 톡톡 쳐서 갈 길로 인도했던 것입니다.

　기도를 할 때도 마찬가지입니다. 가령 불보살님의 명호를 외우는 염불기도를 하다가 번뇌망상을 좇아갈 때는 스스로의 회초리를 들어 다시 염불의 길로 들어서게 해야 합니다. 바깥으로 달아나는 의식을 염불 쪽으로 거두어 들이고 또 거두어 들여야 합니다.

물론 처음에는 쉽지가 않습니다. 입으로는 불보살님의 명호를 부르고 있는데 생각은 엉뚱한 곳으로 달아납니다. 스스로 이러한 버릇을 오랫동안 방치하고 살아왔기 때문에 그냥 달아납니다.

그렇지만 자꾸자꾸 기도를 하다 보면 길이 잡힙니다. 자기도 모르는 그 어느 때에 마음을 잘 모아 기도를 하고 있다는 것을 느끼게 됩니다.

그때까지, 저절로 기도의 길이 잡힐 그때까지 어거지로라도 매일매일 기도 하는 것! 이것을 저는 초보 기도인에게 꼭 부탁드리고 싶습니다.

31 꼭 눈을 뜨고 기도하라

문 이 밖에 번뇌망상을 극복하는데 도움이 되는 가르침은 없을까요?

답 한 가지가 있습니다. 눈을 뜨고 기도하라는 것입니다.

　불교에서는 깨달음을 방해하는 절대적인 요소로 혼침(昏沈)과 산란(散亂)을 꼽습니다. 정신이 흐리멍텅 해지고 졸음마저 오는 혼침과 헛된 번뇌망상으로 가득한 산란. 이 혼침과 산란은 우리가 다생다겁 동안 익혀온 버릇이기 때문에 마음의 고삐를 조금만 늦추어도 금방 이 상태에 젖어듭니다.

　그럼 오래된 버릇인 혼침과 산란에서 벗어나는데 도움이 되는 처방은 무엇인가? 무엇보다 눈을 떠야 합니다. 불보살님 명호를 외우는 염불기도를 하든, 진언이나 다라니를 외우는 주력기도를 하든, 독경기도를 하든, 관법(觀法) 기도를 하든 절대로 눈을 감지 마십시오. 눈을 감고 기도하는 버릇을 절대로 들이지 마십시오.

　옛 스님들은 눈을 감고 수행하는 이를 가리켜 '깜깜한 귀신의 소굴에 들어가는 이'라고 하였습니다. 깜깜한 귀신의 소굴! 우리가 두 눈을 꼭 감아버리면 깜깜해져 버립니다. 그리고 그 깜깜함 속에서 망상을 버글버글 끓이게 되면 그야말로 귀신의 소굴에서 사는 것이 아니고 무엇입니까?

　사람들은 흔히, 눈을 뜨고 있으면 생각이 자꾸 흩어지

는 것 같고, 눈을 감으면 마음이 잘 가다듬어 지는 것 같다고 합니다. 물론 초기에는 눈을 감으면 마음이 더 잘 모이는 것처럼 느껴질 것입니다. 또 잠깐 눈을 감을 때는 효과가 있습니다.

그러나 차츰 불교 공부를 하다 보면 눈을 감을수록 생각이 더 많아지는 것을 알게 됩니다. 눈을 뜨고 있다 하여도 눈앞에 헛된 현상이 나타나는 경우가 많은데, 눈을 감고 기도하면 혼침과 산란이 더욱 심해져 마치 제 집인 양 자리를 잡습니다.

눈을 감지 말라는 가르침은 참선을 비롯한 불교의 모든 수행에 다 적용됩니다. 다라니를 외우며 주력기도를 하든, 염불기도를 하든, 금강경 등을 외우는 독경기도를 하든 눈을 감아서는 안 됩니다. 다 외운 경전을 읽을 때도 눈을 감으면 안 됩니다. 오히려 책을 펼쳐 놓고 한 글자 한 글자 살펴야 합니다.

요즈음 천수경을 외우는 사람이나 다라니 주력을 하는 사람들 중에는 아예 눈을 감고 줄줄줄 외워나가는 사람이 있습니다. 될 수 있으면 눈을 감지 않도록 하십시오. 아무리 쉽고 입에 완전히 익은 것이라 할지라도 눈을 뜨고 하십시오.

심지어 관법기도를 행할지라도 눈을 감아서는 안 됩니다. 관법(觀法)은 마음으로 그 모습을 그리는 것입니다. 16관법 가운데 하나인 관음관을 한다면, 『관무량수경』에 묘사된 관세음보살의 모습을 스스로 그리게 됩니다. 관세음보살님의 거룩한 모습을 생생하게 떠올리는 것입니다. 하지만 이때도 눈을 감고 해서는 안 됩니다. 눈을 뜬 채로 관해야 합니다.

기도를 할 때 될 수 있으면 눈을 감지 마십시오. 눈을 뜨고 기도하면 흐리멍텅한 혼침의 상태나 산란한 번뇌망상으로부터 쉽게 벗어나, 맑고 밝은 원성취를 보다 빨리 이루게 된다는 것을 명심하시기 바랍니다.

※

기도를 하다가 번뇌망상이 치성하면 번뇌가 많이 일어나는 것을 걱정하고 번뇌를 없앨 방법을 찾는 이들이 많습니다. 그러나 다른 방법을 찾는 것 또한 번뇌요, 번뇌에 대해 걱정을 하는 것 또한 다른 유형의 번뇌입니다.

잊지 마십시오. 나의 마음하늘에서 생겨난 번뇌망상이라는 구름은 나만이 제어할 수 있습니다. 그냥 두고 기도 자체에 몰두하면 번뇌의 구름은 저절로 사라집니다. 스스로 일어났다가 저절로 사라지게끔 되어 있는 번뇌에 집착하여 기도를 놓아두고 번뇌망상을 좇아간다면 그보다 더 큰 어리석음이 어디에 있겠습니까?

 무릇 번뇌망상만 잘 다스리면 업장소멸이 쉽게 되고, 번뇌망상만 좇아가지 않으면 기도 성취가 가깝다는 것을 깊이 새겨, 멋진 기도생활을 영위하시기를 축원 드립니다.

4
흔들림 없는 꾸준한 기도

32 번뇌를 극복하면 업장소멸 되는 원리

문 앞의 〈번뇌망상과 업장소멸〉 끝 무렵에 '번뇌망상을 잘 다스리면 업장소멸이 쉽다'고 하였는데, 어떠한 원리 때문에 기도 중에 일어나는 번뇌망상을 잘 극복하면 능히 업장소멸이 될 수 있는 것인지요?

답 기도 중의 번뇌는 평소 때의 번뇌와는 다소 다릅니다. 평소 때의 번뇌는 눈·귀·코·혀 등의 육근(六根)이 빛깔·소리·냄새·맛 등의 육경(六境)을 보고·듣고·냄새 맡고·맛보면서 일으키는 번뇌입니다. 곧 현실 속의 표면적인 번뇌입니다. 이에 반해 기도 중의 번뇌는 표면적인 번뇌보다는 깊이 갈무리되어 있던 업으로 인한 번뇌들입니다.

우리가 생각으로 말로 행동으로 지은 업들은 잠재의식이라 일컬어지는 제7 말나식을 지나 제8 아뢰야식 속에 간직되는데, 무의식에 속하는 이 제8식은 업을 갈무리하고 있다 하여 장식(藏識)이라 칭하기도 합니다. 바꾸어 말하면 우리가 지은 업들이 장식 속에 가라앉아 있고 갈무리되어 있다는 것입니다.

이 장식 속의 업장은 평소에는 전혀 감지할 수가 없습

니다. 하지만 때가 무르익으면 그 업들이 솟아나 우리의 삶을 좌우합니다. 지난 시간의 산물인 이 장식 속의 업장들이 미래 또는 내생의 삶을 결정짓는 것입니다.

그런데 지금이 아닌 미래의 어느 시간에 튀어나와 우리에게 업보를 안겨 줄 그 업장들이 불쑥불쑥 솟아오릅니다. 언제 어떻게? 우리가 기도하는 바로 그 시간에, 번뇌망상이 되고 마구니가 되어 모습을 드러내는 것입니다.

이제 생각을 정리해 봅시다. 기도 중의 번뇌망상이란 과연 무엇입니까? 기도하는 우리가 반드시 물리쳐야 할 적이 아니라, 기도하는 우리에게 내려지는 가피입니다. 기도를 할 때 일어나는 이 번뇌망상을 잘 극복하면 미래에 받아야 할 업장을 능히 소멸할 수 있기 때문입니다. 그 업장들이 현실 속의 업보로 구체화되지 않고 번뇌망상으로 모습을 나타내었다가 흩어져 버리기 때문입니다.

만리무운만리천 萬里無雲萬里天

만리 허공 어디에도 구름이 없으면 모두가 높고 넓은 하늘입니다. 마음 하늘에 번뇌망상이라는 구름이 걷히면 온통 맑은 마음 하늘일 뿐입니다. 번뇌망상이 흩어진 텅 빈 마음에 어찌 업장이 앞을 가리겠습니까?

33 업장의 어둠을 일시에 없애는 자비광명

문 여러 기도법 중 염불기도를 예로 들어 조금 더 설명해 주십시오.

답 번뇌가 일어날 때 번뇌에 끌려가지 않고 불보살님의 명호를 외우고 생각하는 염불에 집중을 하면 부처님이 되는 농사를 짓게 되고, 장식 속에 갈무리되어 있다가 나온 업장은 염불의 힘에 의해 녹아 버립니다. 대자대비하신 불보살님의 근본서원력과 대위신력에 의해 업장이 구름처럼 흩어지는 것입니다. 이렇게만 되면 어느 생에선가 구체적으로 받아야 할 정신적·육체적·물질적인 과보를 받지 않을 수 있게 됩니다.

하지만 번뇌망상이 일어날 때 염불에 집중하지 못하고 번뇌망상을 좇아 흘러가게 되면 그 업장은 어찌할 수가 없습니다. 업장의 어둠을 태양과도 같은 불보살님의 광명으로 일시에 능히 없앨 수 있는데도, 번뇌망상을 따라 먹구름을 일으키고 있으니 어쩔 수 없는 것입니다. 염불에 집중만 하면 능히 없어질 업장이요 어둠인데도….

34 번뇌망상의 극복은 크나큰 가피

🔵 문 말로는 쉽게 설명하고 있지만, 여전히 번뇌망상을 극복하기란 쉬운 일이 아닌 듯 합니다. 좋은 방편이 없을까요?

🔵 답 한 가지 방법을 제시하고자 합니다. 번뇌가 매우 심할 때, 그리고 일어나는 어떤 특정한 번뇌망상에 사로잡혀 정말 제대로 기도할 수 없을 때는 참회와 축원을 통하여 극복해 보십시오.

"잘못했습니다. 용서하십시오. 다시는 그러지 않겠습니다."

"잘못했습니다. 그 분에게 자비와 평화와 행복이 충만하게 해주셔서 감사합니다."

이렇게 세 번 정도 반복하여 참회하고 축원한 다음 원래의 기도로 돌아가면 맺힌 업장이 소멸되지 않을 수 없습니다. 결코 잊지 마십시오. 기도 중의 번뇌망상 극복은 크나큰 가피입니다. 지금 일어나는 번뇌망상의 극복이야말로 내생이나 앞날에 받을 업보를 녹일 수 있는 절호의 기회라 생각하시고, 기도에 집중하고 또 집중하시기 바랍니다.

35 흔들리지만 말라

㉄ 잘 알겠습니다. 이제까지 기도할 때 일어나는 번뇌망상에 대해 주로 말씀하셨는데, 번뇌망상과 마(魔)는 다른 것입니까?
㉇ 조금 다른 점도 있지만 넓은 의미에서는 같습니다. 마는 각종 수행을 방해하고 포기하도록 만드는 모든 장애를 가리키는데, 일반적으로 번뇌망상은 의식세계와 관련된 장애로 보고, 마는 잠재의식 또는 무의식인 장식 속에 숨어 있다가 나타나는 장애로 분류하고 있습니다.

그런데 이 두 경우를 '극복해야 할 번뇌망상과 업장'

으로 한데 묶어 이야기하였으므로 더 이상의 구분은 짓지 않겠습니다. 오히려 흔들리지만 않으면 마장은 능히 극복되느니만큼, 번뇌망상과 마에 대한 구분보다는 '나'에게서 일어나고 있는 흔들림에 대해 더 마음을 써주시기 바랍니다.

36 당연히 하던 기도 계속해야

문 흔들림이라니요? 구체적으로 일러주십시오.
답 주위에서 흔히 일어나는 예를 들겠습니다.

'관세음보살'을 염하며 기도하던 보살에게 어떤 친구가 와서 말합니다.

"이 친구야, 큰스님께서 말씀하지 않더냐? 관세음보살을 염불하는 것은 진짜 공부가 아니라고. 진짜 공부는 큰스님께 화두를 받아 참선을 하는 것이야. 내가 잘 아는 큰스님이 있으니 같이 화두를 받으러 가자."

이러한 권유에 솔깃 넘어가 열심히 하던 염불기도를 놓아버리는 불자들이 꽤 많이 있습니다. 친구의 말에 스스로가 흔들렸기 때문에 기도의 끝을 보지 못하고 중도 포기를 하는 것입니다.

저에게 기도 상담을 하는 사람 중에 이러한 분들이 참으로 많습니다.

"지장기도를 하고 있는데 어떤 스님께서, '지장기도는 영가 장애를 끌어들일 수 있다. 왜 하느냐? 차라리 관음기도를 해라.'고 하십니다. 어떻게 해야 합니까?"

"광명진언을 외우며 기도하는데, 같은 절에 다니는 분이 천수대비주의 위력이 더 크다며 바꿀 것을 권합니다. 무엇을 하는 것이 좋을까요?"

이런 질문을 받을 때 저는, '당연히 하던 것을 계속해야 한다'고 분명하게 말해줍니다.

일반적으로 옆에서 다른 기도로 바꿀 것을 권유하는 시기는 기도 초기가 아닙니다. 가령 천일기도라면 2년을 넘겨 3년째로 접어들었을 때, 백일기도를 한다면 50일을 지나 70일 정도 되었을 때 가장 많이 나타납니다. 이제 이삼십 일만 더하면 회향인데, 기도의 끝을 보지 못하게 흔들어 놓는 것입니다.

37 무시할 수 없는 이가 기도를 흔든다

문 이러한 흔들림은 어떻게 극복해야 합니까?

답 사실 이 경우에는 '어떻게' 라고 할 것도 없습니다. 그냥 무시하고 계속해야 합니다. 시작한 지 3일만이라면 몰라도, 이미 반 또는 3분의 2를 넘겼는데 그만두다니 아깝지 않습니까? 절대로 그만두면 안 됩니다. '이것이 고비구나' 하면서 더욱 열심히 해야 합니다.

그런데 묘한 것은 이 권유를 무시할 수 없는 사람이 한다는 것입니다. 다니는 절의 스님이나 불교공부를 많이 한 분이 권유를 하면 무시를 할 수가 없습니다. 하지만 이것이 마(魔)입니다. 기도를 방해하는 마입니다.

그 스님이 마구니라서가 아니라, 마구니가 잘 하고 있는 우리의 기도를 중단시키기 위해 쉽게 무시할 수 없는 스님이나 도반의 입을 빌어 유혹하는 것입니다. 그러므로 절대로 속거나 흔들리면 안 됩니다.

더욱이 우리의 기도는 불보살님께 고(告)하고 시작한 기도가 아닙니까? 불보살님께 처음 약속한 기간 동안은 기도 대상을 바꾸지 말고 흔들림 없이 기도하시기를 간곡히 부탁드립니다.

38 기도시험에 넘어가지 말라

문 흔히들 기도에는 기도시험이 따른다고 하는데, 옆에서 다른 기도를 할 것을 권유하는 것 또한 기도시험인 듯 합니다. 이것 말고 주의해야 할 기도시험은 어떤 것이 있습니까?

답 단순하게 기도를 하기 싫은 것, 절을 하여 팔·다리·허리 등의 몸이 아픈 것, 졸음이 많이 오는 것 등도 다 극복해야 할 기도시험입니다. 하지만 이러한 기도시험은 기도를 해야 할 당위성이 강하다면 능히 극복할 수 있습니다.

그런데 이루어야 할 소원이나 풀어야 할 문제가 '나'의 현재 능력에 비해 크면 클수록 넘어서야 할 기도시험도 크게 다가오는 법입니다.

사실, 기도를 하다 보면 이상하게도 뜻밖의 사건이 터지는 경우가 많습니다. 그리고 뜻하지 않은 사건 때문에 기도를 포기하는 사람이 많습니다. 그러나 이때를 잘 넘겨야 합니다. 참으로 중요한 고비는 바로 이때입니다.

절에 가서 7일·삼칠일(21일)·49일·백일기도 등을 하다보면 묘하게도 가족들이 찾아와 시험을 합니다. 남편이 찾아와 "주부 노릇도 못하면서 기도는 무슨 기도!"

라며 소리를 지르는가 하면, 아이들이 울면서 "집안이 엉망이니 돌아가자."고 합니다. 때로는 부도가 나고 주변사람이 다치는 사고도 일어납니다.

　이러한 때에 우리는 어떻게 합니까? 대부분의 사람은 마음이 약해져 버립니다.

　"가정이 절단 날 판인데 기도는 무슨 기도."

　"내가 없으니 집안이 쑥대밭이구나. 내 기도를 하고 못하고는 문제가 아니다. 집안부터 편안하게 만들어야지."

　이렇게 희생적인 생각을 일으켜 기도를 포기하고 집으로 돌아갑니다. 그러나 집으로 돌아간들 생각처럼 해결이 되지 않습니다. 기도를 시작하기 전보다 나아지는 것은 조금도 없고, 집안은 더욱 거꾸로 돌아갈 뿐입니다.

　일단 오랜 생각 끝에 필요에 의해, 그리고 무엇인가를 이루기 위해 기도를 시작하였으면 끝까지 밀고 나가야 합니다. "몸이 부서지든, 가정이 이상해지든, 남편이 바람을 피우든, 나는 흔들리지 않는다."고 하면서 끝까지 밀고 나아가야 합니다.

39 고비를 못 넘기면 물거품이 된다

🔵 **문** 끝까지 밀고 나아가면 어떻게 해결 됩니까? 또 영험담이 있으면 하나 정도 알려 주십시오.

🔵 **답** 흔들림 없이 기도를 하여 고비를 넘기고 나면 모든 것은 제자리로 돌아옵니다. 내 몸이 자리를 잡고 내 마음이 자리를 잡게 되면 가족들도 모두 제자리를 잡게 됩니다. 일부러 제자리로 돌리려 하지 않아도 있어야 할 자리로 돌아오고, 문제 해결은 물론이요 소원성취도 됩니다. 그런데 겁을 먹고 타협하여 고비를 넘기지 못한 채 주춤하면, 여태까지 기도한 것이 물거품이 되어 버립니다.

❀

나와 조금 안면이 있는 한 보살님의 이야기입니다. 남편은 사업이 잘 되지 않아 언제 공장 문을 닫을지 모르는 상황이었습니다. 이에 보살님은 '마지막으로 부처님께 매달려 보겠다' 며 남해의 이름 있는 기도도량을 찾아갔습니다.

보살님은 삼칠일(21일)을 작정하고 '관세음보살'을 부르며 기도하였는데, 2주 정도 지났을 때 집에서 연락이

왔습니다. "오늘 내일 부도가 날 판이니 빨리 돌아오라."
는 것이었습니다.

'기도 중에 부도라니? 관세음보살님도 너무 하시는구나.'

실망한 보살님은 집으로 돌아가 주위 사람들에게 빚이라도 내어볼까 생각했습니다. 그러나 부도가 날 집안에 돈을 빌려줄 사람이 있을 것 같지 않았습니다. 보살님은 또 생각했습니다. 집으로 돌아가 남편과 자식을 위로하고 아픔을 함께 나누는 것이 도리라고…. 하지만 이것 또한 인정이요 애착일 뿐 진정한 해결방법이 될 수 없었습니다.

'지금의 우리에게는 이것도 저것도 방법이 아니다. 차라리 관세음보살님께 매달려 보자.'

생각을 고쳐먹은 보살님은 이전보다 더욱 간절히 '관세음보살'을 부르면서 열심히 기도하여 삼칠일을 채웠습니다. 그리고 집으로 돌아왔더니, 뜻밖에도 부도 직전의 사업체에 정부의 중소기업특별융자금이 나와 위기를 무사히 넘겼고, 그때부터 사업이 잘되어 지금은 누구도 부럽지 않은 삶을 살고 있습니다.

40 끝까지 하면 마침내 성취된다

문 어떤 시련이 닥치더라도 시작한 기도는 끝을 보아야 하고, 끝을 보면 기도성취가 된다는 말씀인가요?

답 그렇습니다. 이 보살님처럼 기간을 정하고 기도를 시작하였으면 어떠한 일이 일어나도 끝을 보고자 해야 합니다. 문제가 생겼다고 하여 결코 그만두지 마십시오. 끝까지 하면 마침내 성취됩니다. 오히려 기도 도중에 고비가 생기고 시련이 닥쳐오면 스스로를 경책하십시오.

"옛부터 도가 깊어지면 마도 따라 성해진다고 하였다. 지금 이 시련은 나의 기도가 성취되고 있다는 증거요, 업장이 녹아내리고 있다는 반증이다. 흔들림 없이 서원에 따라 기도하리라."

이렇게 생각을 다잡고 밀고 나아가 그 고비를 넘기고 나면 다 깨어져버리고 터져버릴 것 같았던 문제들이 모두 해결되고 기도성취를 보게 됩니다. 하지만 잊지 마십시오. 이때 겁을 집어먹고 물러서거나, 기도하기 싫은 마음과 타협하여 그만두면, 성취는커녕 모든 것이 후퇴를 해버립니다.

그러므로 기도를 할 때는 인정이나 애착에 끌려가지 말고 성심껏 '내가 지금 해야 할 기도'에 몰두해야 합니다. 집안이 쑥대밭이 되건 누가 아프다고 하건, 발원한 기도는 꼭 하십시오. 계속 기도하면 모든 문제는 사라집니다. 모든 마구니가 자취를 감추는 것입니다.

41 두려워 말고 끝까지 기도하라

㊀ 기도할 때도 고비와 시련이 있으니…. 실로 이 사바세계를 살다 보면 고비가 너무나 많습니다. 왜 그렇게 고비가 많고 장애가 많을까요?

㊁ 시작 없는 옛적부터 탐욕과 성냄과 어리석음에 젖은 채 수많은 업의 산을 만들고 한량없는 업의 구덩이를 파며 살아왔기 때문입니다. 그리고 앞에서 이야기하였듯이, 기도를 하는 바로 그때에 스스로가 만들고 파놓았던 수많은 장애들이 모습을 드러내는 것입니다.

하지만 이 고비를 넘어서면 그야말로 업장이 녹아 향상

발전하고 행복해집니다. 부디 고비를 만나고 마구니가 찾아들지라도 겁을 먹지 말고 용맹스러운 자세로 임하십시오.

"터질테면 터져라. 나는 기도한다."

이렇게 작정하고 전심전력으로 기도에 몰두하여 삼매의 길로 들어서십시오. 이렇게만 기도하면 어떤 장애도 두려울 것이 없으며, '나'를 흔들지 못합니다.

모름지기 '나'의 기도가 흔들림 없는 자리에 들어서면 기도의 끝인 성취가 가까워집니다. 장애를 이겨내고 성취를 이루는 데는 결코 특별한 비결이 없습니다. 흔들림 없이 꾸준히 기도하는 것, 이것밖에 특별한 비결이 없다는 것을 꼭 기억하시고, 흔들림 없이 기도정진 잘 하시기를 당부 드립니다.

42 속성취를 바라지 말라

문 우리 불자들 중에는 얼마 동안 기도를 하다가 뜻하는 바가 이루어지지 않으면 '불보살님의 가피가 내리지 않는다'며 불평을 하거나 '영험이 없다'고 하는 이들이 더러 있습니다. 그리고는 지조를 바꾸어 또 다른 수행을 하거나 불교를 떠나는 사람까지 있습니다. 왜 이러한 결과가 나타나는 것일까요?

㉰ 너무 속성취(速成就)를 바라기 때문입니다. 일반적으로 바라는 일과 관련된 업장이 소멸되어야 기도의 원이 성취되는데, 업장을 소멸시킬 만큼 노력하지 않았으면서 소원이 이루어지기를 바라서야 되겠습니까?

비록 지금 당장 이루어지지 않을지라도 그동안 해왔던 기도를 버려서는 안 됩니다. 왜냐하면 이미 한 기도를 버리고 다른 기도를 하는 것은 산을 오르다가 그 길을 포기하고 내려온 다음 다른 길을 택하여 다시 오르는 것과 같기 때문입니다.

길이 아니라면 포기해야겠지만, 길이 맞는데 중도에 내려올 까닭이 무엇입니까? 높은 봉우리는 못 오를지라도 조그마한 봉우리에라도 올라서야 합니다. 작은 봉우리에 올라서면 큰 봉우리로 향하는 능선길이 잘 보이게 되지 않습니까?

그리고 지금 당장 이루어지지 않는다고 하여 기도공덕이 사라지는 것이 아닙니다. 지금 당장 이루어지지 않는 것은 '나'의 업과 인연 때문에 불보살님의 가피가 아직

미치지 못한 것일 뿐, 언젠가 가피를 입게 되는 것은 틀림이 없습니다. 왜 틀림이 없는가? 여러 차례 강조하였듯이 중생구제가 불보살님의 근본서원이기 때문입니다.

둥근 해가 바다에서 떠오르면 어느 곳부터 먼저 비추게 됩니까? 동쪽의 높은 산봉우리부터 먼저 비춥니다. 그리고 산봉우리를 비춘 해는 차츰 낮은 곳을 비추고, 시각을 따라 음지요 골짜기였던 곳까지 차례로 비추어줍니다. 이처럼 태양과 같은 부처님도 기도하는 불자들 중에서 인연이 숙성한 중생부터 먼저 제도를 하는 것입니다.

그러므로 기도를 하는 불자들은 속성취를 바라거나 조급함에 빠져 기도를 바꾸어서는 안 됩니다. 속성취의 조급함이 기도의 공덕을 흩어버릴 수 있으니, 하나의 기도법을 될 수 있는 한 꾸준히 유지하도록 하십시오. 기도의 결실은 시절인연(時節因緣) 따라 틀림없이 깃들게 되어 있습니다.

느긋한 마음으로 모든 것을 불보살님께 맡기고 한평생 불보살님과 함께 살겠다는 마음가짐으로 기도해 보십시오. 틀림없이 불보살님의 가피가 우리와 함께 하고, 기도의 공덕이 나날이 쌓여 소원성취와 함께 크나큰 깨달음과 행복의 문이 열리게 되는 것입니다.

43 모든 것을 불보살님께 맡기고

문 '느긋한 마음으로 모든 것을 불보살님께 맡기라'고 하셨는데, '맡긴다'는 것이 잘 이해가 되지 않습니다. 구체적으로 어떠한 것을 맡기라는 말씀입니까?

답 간략히 말씀드리면 기도에 방해가 되는 요소들을 맡기라는 것입니다. 가령 기도 기간 중에 투자한 주식이나 펀드가 떨어져 일시적으로 손해를 보고 있다고 합시다. 이때 주식이나 펀드에 신경을 써서 '손해를 보면 안 되는데'라거나 '언제 팔까?' 등의 번뇌에 젖어들게 되면 기도를 잘 할 수 없게 됩니다. 이러한 경우라면 불보살님께 맡겨 보십시오.

"부처님, 지금의 주식시장이 제 마음을 흔들어 기도를 잘 할 수 없게 만들고 있습니다. 부처님, 주식투자로 인한 이익과 손해는 부처님께서 해결해 주십시오. 이 문제는 부처님께 맡기고 저는 기도만 열심히 하겠습니다."

이렇게 부처님께 고하고 맡기면 마음 편히 기도를 할

수 있게 되고, 주식투자 등의 현실적인 문제도 좋게 결실을 맺습니다.

돈·물건팔기·부동산, 자식에 대한 공연한 걱정 등도 이렇게 부처님께 맡기고 기도하게 되면 오히려 마음이 안정되어 길이 저절로 열리게 됩니다.

내 할 일이 분명하고 원(願)이 분명한데, 당장 나의 할 일을 방해하고 나의 기도를 방해하는 번뇌로운 일들이 다가오면 이 방법을 쓰면 됩니다. 그러나 아무런 할 일도 없으면서, '신경쓰기 싫고 움직이기 싫어 불보살님께 맡기면 안 된다'는 것은 능히 아실 것입니다.

이 방법은 저도 잘 활용하고 있습니다. 시험해보십시오.

5
기도는 원(願)과 함께

44 원 따라 인생이 달라진다

㉙ 기도를 할 때는 원(願)을 잘 세워야 한다고 합니다. 일반적으로 '원'이라 하면 소원(所願)을 생각합니다만, 불교의 원은 보다 심오한 뜻을 간직하고 있는 듯이 느껴집니다. 불교의 원은 무엇이며, 기도를 할 때는 어떠한 원을 세워야 합니까? 원에 대해 보다 깊이 있게 알고자 합니다.

㉰ 참으로 좋은 질문입니다. 불자의 삶과 원, 기도와 원은 뗄래야 뗄 수 없는 밀접한 관계에 있고, 어떠한 원을 어떻게 세우느냐에 따라 인생이나 기도의 방향도 달라질 수 있습니다. 그러므로 이 중요한 원에 대해 차근차근 확실히 이야기 해보는 것이 좋겠습니다. '나'의 원을 정립해 나가겠다는 마음으로 하나씩 구체적으로 질문해 주십시오.

45 원은 삶의 중심축

㉙ 일찍이 부처님께서는 수많은 경전을 통하여 원의 중요성

을 강조하셨고, 모든 불자들이 꼭 향상의 원을 세울 것을 간곡히 당부하셨습니다. 왜 부처님께서는 원을 잘 세울 것을 불자들에게 당부하신 것일까요?

㉠ 그 이유는 간단합니다. 원은 삶의 중심축입니다. 원이 없으면 흐름 따라 인생을 살게 되고, 흐르는 대로 인생을 살다 보면 방황을 하거나 유혹에 빠져 타락의 길을 걷게 되는 경우가 많습니다.

반대로 원을 세우고 원을 추구하며 살게 되면 자기 개발과 자기 향상을 도모할 수 있을 뿐 아니라, 스스로의 마음이 흔들리거나 주변의 유혹이 있을지라도 결코 그릇된 길로 나아가지 않게 됩니다.

또한 원을 세워 거듭거듭 다짐하며 정진하면 힘을 모을 수 있게 되고, 힘이 모이면 흘러가는 대로 살거나 무기력하게 사는 일이 없게 됩니다. 곧 보다 힘차게 행복의 길로 평화의 길로 나아갈 수 있도록 만들어 주는 것이 원입니다.

특히 우리가 무기력 속에 빠져들거나 바른 삶의 자세를 흐트러뜨릴 때 제자리를 찾아주고, 뜻하지 않은 시련이 다가왔을 때 돌파구를 열어주는 것이 원입니다.

이상과 같이 원은 바르게 살고 향상의 길로 나아가게

하는 데 꼭 필요한 것이기 때문에 부처님께서 원에 대해 많은 말씀을 남기게 된 것입니다.

46 원이 힘을 얻으면 성취한다

㉷ 부처님 당시가 아니라, 모든 것이 급변하는 시대에 살고 있는 현대인들에게도 원은 필요한 것인가요?

㉠ 물론입니다. 누구든지 향상하고 발전하고 잘 정진하기 위해서는 마땅히 원을 확립해야 합니다. 오랜 세월 동안 문제를 불러 일으켰던 그릇된 습관들을 고칠 수 있고, 고통의 씨앗이 된 이기심이나 자존심을 극복할 수 있는 원을 세워야 합니다. 능히 우리의 업을 녹일 수 있고, 우리에게 자유와 행복과 청정을 안겨줄 수 있는 소원을 품어야 합니다.

특히 요즘처럼 세상이 정신없이 변하고 좋지 않은 뉴스가 가득한 때일수록 더욱 절실히 원을 세우고 살아가야 합니다. 현대사회가 급변하기 때문에 그 급류에 휘말려, '나'의 중심을 잡아줄 원을 세울 생각조차 않고 살아가는 경우도 허다하기 때문입니다.

　꼭 기억하십시오. 만약 지금의 '나' 자신이 이 시대의 흐름 속에 휘말려 방황을 하고 있거나 무기력한 상태에 빠져 있다면, 또 다른 발걸음을 내딛기 전에 삶의 중심축이 될 수 있는 원부터 다시 세워야 합니다.

　원을 세우십시오. 삶의 중심축이 될 수 있는 원부터 발하십시오. 원이 없으면 힘차게 나아갈 수 없고, 올바른 성취를 기대할 수 없습니다. 원을 세우십시오. 갈등 없이 흔들림 없이 한 방향으로 나아가는 원을 세우십시오. 원이 힘을 얻게 되면 원력(願力)이 되고, 원력으로 정진하면 목표에 도달하는 것이 그리 멀지 않게 됩니다.

47 기원·축원·서원의 차이

　문 방금 '원력'이라 하셨습니다. 원·축원·서원·행원·원력 등 원과 관련된 단어들이 여러 가지인 듯합니다. 구분하여 설명해 주십시오.

　답 원(願)은 소원입니다. '바라는 바'입니다. 바꾸어 말하면 자기의 목적을 성취하기 위해 스스로 수립하는 기본적인 결심이 원입니다.

이 원을 엄밀히 분류하면 세 종류로 나눌 수 있습니다.

첫째는 기원(祈願)입니다. 불보살님께 자기가 바라는 바를 '꼭 되게 해주십시오' 하면서 매달리는 기도의 원이 기원입니다.

"우리 아들, 목표하는 대학에 꼭 합격하게 해주십시오."

"꼭 그 사람과 결혼하게 해주십시오."

"병이 완쾌되도록 해주십시오."

이 모두가 기원입니다.

둘째는 축원(祝願)입니다. 가족·친척·이웃, 모르는 사람이나 중생·영가 등에게 축복이 깃들 수 있도록 원을 발하는 것입니다. 병원에서의 축원을 예로 들겠습니다.

"불보살님이시여, 저 환자분이 건강과 행복이 충만된 삶을 영위하여지이다."

이렇게 부처님의 가피가 다른 이에게 직접 가도록 하는 것이 축원의 특징입니다. 따라서 축원을 할 때는 "저

환자분들을 도울 수 있는 이 몸이 되게 하소서"라는 등의 '이 몸'을 강조하는 축원은 필요치 않습니다.

셋째는 서원(誓願)입니다. "내가 어떻게 하겠습니다. 반드시 그렇게 되겠습니다." 하고 맹세[誓]하는 것입니다.

"좋은 아들이 되겠습니다."
"부처님 정법대로 살겠습니다."
"반드시 도를 깨달아 부처가 되겠습니다."

이 모두가 서원입니다. 반대로 '하지 않겠다'고 맹세하는 것도 서원입니다.

"맹세코 탐심·진심·치심과 벗하지 않겠습니다."
"그릇된 직업을 갖지 않겠습니다."

이처럼 '하겠다·하지 않겠다'는 결심을 담아 스스로 맹세하는 것이 서원이며, 가장 크고 보편적인 서원은 모든 불자들이 잘 알고 있는 사홍서원(四弘誓願)입니다.

기원·축원·서원. 이 세 가지 원은 누가 강요하는 것이 아니라 나 스스로가 자발적으로 발하는 것이기 때문에 '발원(發願)'이라고 하며, 원을 성취하기 위해서는 반드시 노력과 실천의 행이 뒤따라야 하기 때문에 '행원(行

願)'이라고 합니다.

또 기원·축원·서원 등의 원들을 원으로만 그쳐버리지 않게 하려면 원을 이룰 수 있는 힘이 뒷받침되어야 원 성취를 할 수가 있습니다. 이와 같이 원(願)과 힘[力]은 결코 분리될 수 없는 상관관계에 있는 것이기 때문에 '원력(願力)'이라는 말을 많이 쓰고 있습니다.

48 상대를 향해 곧바로 축원하라

🔵 "잘 알아들었습니다. 그런데 축원을 할 때 '이 몸'을 강조하는 축원은 필요하지 않다'는 것이 잘 이해가 되지 않습니다. 보다 쉽게 풀이해 주십시오.

🔴 누군가를 축원할 때, 부처님의 가피가 '이 몸'에 이르렀다가 다시 그 분께 흘러가도록 할 까닭이 있습니까? 부처님의 자비와 광명이 그 분께 곧바로 임할 수 있도록 축원해주면 됩니다.

가령 '내가 힘을 길러 아들을 행복하게 해주리라' 할 것이 아니라, '아들에게 큰 행복이 충만하여지이다' 하는

기도는 원과 함께 · *107*

것이 올바른 축원법입니다. 이렇게 축원을 하면 불보살님의 가피가 아들에게 곧바로 전해질 수 있지만, 아들을 행복하게 해주는 어머니가 되기 위해서는 어떤 과정을 겪어야 합니까?

먼저 자기 힘부터 길러야 하고, 그 다음에 힘을 발휘할 수 있습니다. 그런데 과연 힘은 길러지나요?

또 그렇게 돌아서 가다보면 많은 시간의 소모와 함께 때도 놓치기 마련입니다. 그래서 '이 몸이 하겠다'가 아니라, '불보살님의 자비원력에 의지하는 축원을 하라'는 것입니다.

49 원이 많다면 모두 발하라

문 또 한 가지 의문이 있습니다. 기도를 할 때 기원·축원·서원 중 어떠한 원에 치중해야 합니까?

답 현재 '나'의 마음에 기원만이 가득하다면 기원만을, 서원만이 가득하다면 서원만 발해야겠지요. 그런데 이런 기원도 있고 저런 축원도 서원도 품고 있다면, 기원·축원·서원 모두를 함께해도 괜찮습니다.

정확히 말하면 몇 가지 기원, 몇 가지 축원, 몇 가지 서원을 함께 발할지라도 문제가 되지 않습니다. 오히려 혼자 마음속에 넣어두고 갈등하기보다는 불보살님께 어떤 원이든 모두 고하고 불보살님과 함께 해결하는 것이 훨씬 바람직합니다.

50 마음 밭에 심은 씨대로 나아간다

㊀ 내가 발하는 원은 내 인생의 중심축이 된다고 하였습니다. 그런데 사람들 중에는 탐·진·치심에 찬 원을 발하는 이들이 종종 있습니다. 그와 같은 원을 세우면 어떻게 됩니까?

㊁ 아주 극단적인 원이 아니라면 욕심의 원은 어느 정도 용납이 되고 있습니다.

하지만 원 따라 인생이 펼쳐지고 원대로 인생을 살게 된다는 것은 꼭 기억하셔야 합니다. 전래되는 한 편의 실화로 어리석은 발원의 결과를 함께 새겨 봅시다.

❀

옛날 중국에 살았던 부잣집의 한 노파는 집 가까이에 있는 사찰 법당에서 기도를 한 다음 늘 발원하였습니다.

"부처님, 저는 이미 살만큼 살았습니다. 언제라도 데려가 주옵소서. 나무아미타불…."

노파는 매일같이 절을 찾아가 입버릇처럼 죽음에 관한 원을 발하였고, 그 절의 철없는 사미승은 노파의 이 원을 자주 듣게 되었습니다. 어느 날 사미승은 짖궂은 생각을 하게 되었습니다.

'오늘 노파가 오면 불상 뒤에 숨어 있다가 골려 주어야지.'

그날도 노파는 기도를 한 다음 발원으로 끝맺음을 하였습니다.

"부처님, 저는 이미 살만큼 살았습니다. 언제라도 데려가 주옵소서. 나무아미타불…."

그때 불상 뒤에 숨어있던 사미승이 목소리를 가다듬고 위엄 있게 말했습니다.

"그토록 원한다면 내 오늘 데려가마."

이 말을 듣는 순간 노파는 그 자리에서 죽고 말았습니다.

8

　죽음과 관련된 원을 발한 노파가 사미승의 음성을 듣고 죽은 이유가 무엇입니까? 사미승의 음성에 특별한 힘이 있었기 때문입니까? 아닙니다. 노파의 평소 발원, 그 염력(念力)이 그렇게 만든 것입니다. 마음 밭에 심은 씨대로 나아간 것뿐입니다. 만약 노파가 죽음 대신 매일매일 깨달음을 발원하였다면 어느 때 문득 기연을 만나 틀림없이 한 경지를 성취하였을 것입니다.

　원은 우리가 심는 씨입니다. 우리가 어떤 씨를 심느냐에 따라 인생이 펼쳐지기 마련입니다. 모든 것은 심은 대로 되게끔 되어 있는 인과법을 따르고 있고, 이 법 속에 사는 우리는 지금 이 순간을 잘 가꾸어야 합니다. 지금 좋은 원을 잘 발하며 살면 얼마든지 인생을 밝고 바른 쪽으로 바꿀 수 있고 향상의 세계로 나아갈 수 있습니다.

　이제까지는 비록 탐욕과 분노와 어리석음 속에서 살았을지라도, 잘 생각하여 합리적인 원을 발하고 참회하며 업장을 녹이면, 인생은 행복 쪽으로 밝은 쪽으로 탈바꿈하게 됩니다.

51 의욕의 원도 탐욕의 원도

❓ 말씀을 듣고 보니 욕심 담긴 원을 품고 기도해서는 안 되겠는데요? 그런데 왜 '욕심의 원도 어느 정도 용납된다'고 하였습니까?

🅐 욕심에는 탐욕이 있고 의욕이 있습니다. 이 둘 중 자신과 가족 등을 살리고 발전시키는 의욕적인 원은 당연히 품는 것이 좋습니다.

현재의 어려운 처지를 극복하고 향상을 도모하는 원, 자식들이 잘되고 가족이 평안하기를 도모하는 원 등을 어찌 이기적이고 욕심 많은 원이라 할 것입니까? 이러한 원이야말로 우리들이 당연히 품어야 할 본능적이요 자연스러운 원이라 하지 않을 수 없습니다. 그러므로 이러한 의욕적인 원은 얼마든지 품고 기도하여도 됩니다.

문제는 탐욕의 원입니다. 그릇된 줄 알지만, 나와 남을 함께 해치는 일인 줄 알지만, 탐욕의 불길을 잠재우지 못하여 무리를 해서라도 이루고야 말겠다는 탐욕의 원이 문제입니다.

하지만 부처님께서는 이러한 탐욕의 원을 품고 기도하여서는 '안 된다'고 하지 않으셨습니다. 오히려 탐욕의 원을 품고 해도 좋으니 기도할 것을 권했습니다.『삼국유사』에 수록된 신화 조신(調信)스님의 이야기는 탐욕과 갈애의 원을 품은 기도에 대해 깨우침을 주고 있습니다. 잠깐 줄거리만 요약하겠습니다.

❀

　조신스님은 강릉 군수인 김흔의 딸을 본 뒤 깊이 매혹되어 도저히 잊을 수가 없었습니다. 스님은 승려라는 신분도 잊은 채 낙산사 대비관음상 앞으로 나아가 그 여인과 인연을 맺어주기를 몰래 빌었습니다. 그것도 잠깐이 아닌 몇 년 동안….

　하지만 그녀는 다른 사람과 혼인을 하였고, 크게 실망한 스님은 낙산사로 가서 자기의 소원을 이루어주지 않은 관세음보살을 원망하며 날이 저물도록 슬피 울다가, 그리운 정에 지쳐 잠깐 졸았습니다. 순간 그 여인이 나타나 뜻밖의 고백을 했습니다.

　"사실은 마음으로 스님을 사랑하였으나, 부모의 명을 거역할 수 없어 하는 수 없이 남의 아내가 되었습니다. 하지만 스님을 잊을 수 없어 함께 살고자 왔습니다."

　기쁨을 가누지 못한 스님은 그녀를 데리고 고향으로

가서 살림을 시작하였고, 깊은 정을 나누고 살면서 5남매를 거느리게 되었습니다. 하지만 모진 가난은 그들 가족을 십년 동안이나 사방으로 떠돌아다니며 걸식하게 만들었습니다.

그러다가 명주 해현령에서 15세 된 큰 아들이 굶어 죽자 애통해하며 길가에 묻었습니다. 또 두 부부가 병이 들어 움직일 수 없게 되자 10세 된 딸이 걸식을 하였는데, 그만 동네 개에게 물려 드러눕게 되었습니다. 부부는 함께 통곡을 하며 이야기했습니다.

"수십 년 동안 고락을 함께하였으나 이제는 늙고 병들어 빌어먹기도 어렵고, 자식들도 헐벗고 굶주려 어찌할 수 없으니, 서로 헤어져 살아갈 길을 찾도록 합시다."

부부가 아이를 둘 씩 데리고 남북으로 정처 없이 헤어지려던 바로 그 순간, 조신스님은 꿈에서 깨어났습니다. 스님은 이미 그녀의 환상에서 완전히 벗어나 있었을 뿐 아니라 탐욕과 갈애도 완전히 사라졌습니다.

인생의 무상과 회한을 통감한 스님은 그 길로 해현령으로 가서 시체를 묻은 곳을 파보았더니 돌미륵이 나왔습니다. 그 뒤 스님은 정토사라는 절을 지어 돌미륵을 봉안하고 정말 열심히 정진하였습니다.

속인이 아닌 스님. 음욕(淫欲)을 멀리하는 것을 제1의 계율로 삼는 스님이 상사병에 걸려 몇 년 동안이나 기도를 하였습니다. 나아가 원이 이루어지지 않자 관세음보살님까지 원망을 하였습니다.

이러한 원이 바른 원입니까? 이러한 기도가 바른 기도입니까? 분명히 아닙니다. 하지만 우리의 불보살님께서는 마다하지 않으십니다. 그리고 마침내는 탐욕에서 깨어나 바른 길로 나아가게 하십니다.

바로 이것입니다. 이것이 불교의 기도요 불보살의 자비입니다. 이 불보살님의 자비와 불교의 기도 원리를 알기에, 감히 욕심 깊은 원을 품은 기도라도 하지 않는 것보다는 낫다고 장담을 하는 것입니다.

52 탐욕의 기도라도 안하는 것 보다는 낫다

문 그렇다면 탐욕의 기도, 욕심을 많이 품은 원을 발하고 있을지라도 계속 기도하라는 말씀입니까?

㈎ 그렇습니다. 욕심이 가득할 때는 욕심찬 원을 세우고 기도할 수밖에 없습니다. 만약 그에게 욕심을 버리고 기도하라고 하면 기도마저 버립니다. 그리고 탐욕에 더욱 깊이 빠져버립니다.

그러나 기도를 하면 달라집니다. 처음에는 욕심으로 시작하였을지라도 시간이 지남에 따라 욕심이 순화되고, 원이 변화되는 것을 느끼는 이들이 많을 것입니다.

앞도 뒤도 없는 욕심만 가지고 시작한 기도일지라도 차츰 소극적인 원이나 세속적인 원들이 바로 세워집니다. 그저 물질적이고 욕심에 가득 찬 원을 품고 기도를 시작했더라도, 기도하는 시간이 쌓이면 마음이 안정되어 가고, 조금씩 시야가 넓어지면서 마음의 눈을 뜨게 됩니다.

'내가 이토록 욕심 많고 이기적인 원을 세웠을 줄이야.'

'아, 나의 발원이 참으로 어리석었구나. 실제로 그런 것이 아니었는데….'

이렇게 스스로 느끼고 이해가 되면서 더 향상되고 발전된 원을 세우게 됩니다.

비록 탐욕스럽고 하잘것없는 원일지라도 나에게 불필

요한 원은 누구도 발하지 않습니다. 그리고 필요한 원을 발하였기에 정성 드려 기도하고 노력하는 것이며, 정성 드려 기도하고 노력하다 보면 그 원도 발전된 원으로 바뀌게 되는 것입니다.

53 차츰 높은 원을 발하면 된다

🔵 **문** 정말 이기적이고 세속적이고 욕심 깃든 원을 품고 기도하여도 그릇됨이 없겠습니까?

🔵 **답** 걱정 마십시오. 세속적이고 탐욕적이고 이기적인 원을 품고서라도 기도하십시오. 대자대비하시고 지혜 가득하신 불보살님을 믿고 기도하십시오. 꾸준히 기도하면 반드시 밝고 바른 길로 나아갈 수 있습니다.

우리의 원이 크고 훌륭한 원이 아니라 이기적이고 세속적인 원이라 할지라도 그 원을 놓아버려서는 안 됩니다. 특히 가족과 주변사람들을 위한 원이라면 말할 것도 없습니다.

'우리 가족 모두 건강하고, 모든 일 순탄하여지이다.'

만약 이와 같은 원을 발하였다면 매일매일 되풀이하여, 그 원이 사라지지 않게 계속 이어가야 합니다. 이러한 원을 기도하면서 꾸준히 이어가다 보면 이 원에서만 머물지 않고 더욱 향상되고 더욱 발전하고자 하는 어떤 원을 발하게 됩니다.

'내가 바라던 원은 너무 좁은 틀이었다. 이것 가지고는 안 된다. 조금 더 큰 원을 세우자. 그리하여 이 공덕을 다른 사람들과 함께 누릴 수 있도록 하자.'

이렇게 원이 바뀌면서 맑아지고 밝아지고 넓어지면 됩니다. 곧 탐욕스럽고 이기적인 원에서 시작하여 일상적인 삶의 원으로 나아가고, 마침내는 수행과 깨달음과 중생제도라는 높은 원으로 나아가면 참으로 복되지 않겠습니까?

54 기복의 기도에서 수행의 기도로

❓ 기도의 원과 관련하여 꼭 새겨두면 좋은 한 말씀을 부탁드립니다.

㊎ 기도만이 아니라 이 세상의 모든 일에 있어 원을 세우는 것은 참으로 중요합니다. 예컨대 돈이 많은 사람이라 하여 그들 모두가 세계여행을 하거나 남을 돕는 일을 하지 않습니다. 세계여행을 하겠다는 원이 있어야 세계여행을 하게 됩니다. 또 복지의 원을 품어야 남을 돕는 일을 할 수 있습니다.

이처럼 일상의 우리에게도 무엇인가 지금보다 향상을 하기 위한 뚜렷한 원이 있어야 합니다. 성불이나 온 중생을 구하겠다는 큰 원이 아니라도 좋습니다. 작은 단위의 원, 한 단계 한 단계 향상의 원을 발하면서 착실히 나아가야 합니다.

오히려 높은 경지가 어떠한 것인지도 모르는 사람이 한꺼번에 높은 목표를 설정하고 나아가지 않는 것이 좋습니다. 한꺼번에 높은 원을 세우고 나아가면 대부분 실패를 하기 마련이고 중도 포기를 하기 마련입니다. 때로는 전혀 엉뚱한 방향으로 가버립니다.

그러므로 일상생활 속에서는 한 가지씩 한 가지씩 목표를 세우고 원을 세워 착실히 나아가야 합니다. 그래야만 진정한 원 성취가 가능해집니다.

또 한 가지 당부 드리고 싶은 것은, 하나의 원 성취를 한 다음 계속 감사하고 발원하며 기도하라는 것입니다.

  우리 불자들 가운데에는 소원 하나를 이루고 나면 기도를 계속하지 않고 그만두는 이들이 많습니다. 소원이 성취된 다음에는 기도한 자신의 공덕만을 자랑할 뿐 불보살님의 은혜를 잊어버리는 이들이 많습니다.

  이렇게 하면 안 됩니다. 은혜를 잊고 스스로의 상(相)을 내며 살면 그 과보를 받게 됩니다. 그러므로 원 성취를 했을 때일수록 은혜를 생각하고 보다 향상된 원을 세워 정진해 나아가야 합니다. 곧 기복의 기도에서 수행의 기도로 올라서야 하는 것입니다.

  원은 한 번만 발하여 마치는 것이 아닙니다. 거듭거듭 발하여야 하고, 하나의 원이 이루어졌으면 자꾸자꾸 향상된 원을 발하여야 합니다. 그리고 원을 품고 더욱 맑아지고 밝아지고 깊어지고 높아져야 합니다.

  그리하여 마침내 이르는 그 자리! 바로 부처님의 경지가 아니겠습니까?

6
생활 속의 축원(祝願)

55 가족축원, 절대로 잊지 말라

문 가족과 주위 분들이 잘될 것을 바라는 축원은 일체 중생의 행복을 바라는 큰 원에 비해 다소 이기적으로 느껴집니다. 가족 및 가까운 분들을 위한 축원은 바람직하지 않은 것인지요?

답 어찌 그런 말씀을 하십니까? 가족이나 가까운 분들을 위해 축원하고 기도하는 마음만큼 지극하고 당연한 것이 또 어디에 있습니까? 공연하고 형식적인 '일체중생의 행복' 보다는, 지극하고 정성스런 가족 축원이야말로 모든 이들을 향해 대자비의 마음을 열 수 있게 하는 촉매제가 됩니다.

뿐만이 아닙니다. 가족과 이웃을 향해 축원을 하는 그 마음이 바로 아뇩다라삼먁삼보리심, 곧 위없는 깨달음을 여는 마음입니다.

"우리 가족 모두가 건강하고, 뜻하는 일 모두가 순탄하게 이루어지이다" 하는 축원이야말로 한없이 착하고 순수한 무상정등각(無上正等覺)의 마음, 부처님까지 될 수 있는 마음입니다.

오히려 문제는 가족이나 가까운 분을 축원하는 이 착하고 순수하고 바르고 훌륭한 마음을 한결같이 유지하지 못하는 데 있습니다. 이 축원하는 마음을 한결같이 유지시키기만 하면 저절로 일체재앙이 소멸되고, 평화와 행복이 충만하게 되며, 모든 이들에게 점점 더 열린 마음으로 살 수 있게 됩니다.

56 어디서나 한결같이 축원하라

문 이해가 될 듯한데, 조금 어렵습니다. 참된 축원의 핵심이 무엇인지를 쉽게 일러 주십시오.

답 요즈음 우리나라 대부분의 절에서는 각종 기도법회가 크게 성행하고 있으며, 법회에 동참한 불자들은 부처님 앞에서 남편과 아내와 부모와 자식을 위해, 그리고 특별한 분을 위해 축원을 합니다. 각자가 축원을 하면서 정성껏 절하고 정성껏 기도를 합니다. 정말 좋은 현상이라 하지 않을 수 없습니다.

하지만 이와 같은 축원이 절에서만, 법당에서만 이루어져서는 안 됩니다. 법당의 부처님 앞에서 하였듯이, 세속의 일상생활 속에서도 축원은 한결같이 이루어져야 합니다.

　한결같은 축원이 무엇입니까? 가족이나 상대가 '나'를 흔들어 놓을지라도 늘 같은 마음으로 축원을 하는 것입니다. 남편이나 아내가 실수를 하든, 아들딸들이 엉뚱한 짓을 하든, 언제나 "늘 건강하고 뜻하는 바 모두가 순탄하게 이루어지이다"라는 축원을 할 수 있어야 합니다.

　법당에서는 경건하게 기도를 하고, 집에 돌아와서는 남편에게 바가지를 긁고 아내를 괴롭히고, 아들딸들에 대해 공연히 근심하고 잔소리하는 불자가 되어서는 안 됩니다. 이와 같은 기도자세로는 참된 성취를 바랄 수 없으며, 부처님께서 어떠한 결실도 맺어주지를 않습니다.

　실로 출가한 스님들이 '위없는 깨달음을 이루기 위해 노력하고 모든 중생을 축원하면서 사는 것이 나의 일'이라는 말을 자연스럽게 하듯이, 재가불자라면 어디에 있더라도 '부모님과 아들딸·남편·아내를 위해 축원하면서 산다'는 말을 떳떳이 할 수 있어야 합니다. 이 한결같은 축원이 재가불자의 '위없는 깨달음을 여는 마음'입니다.

57 자식 사랑의 원이 녀녁한 마음을

문 한결같은 축원과 관련하여 꼭 새겨둘만한 이야기가 있으면 한 편 들려 주십시오.

답 불자들에게 널리 알려져 있는 이야기입니다.

❀

일제 강점기에 경상북도 김천시 구성면 옴팽이 마을에서 농사를 짓고 살았던 김재선은 홀어머니 밑에서 자란 5남매 중 장남으로 효심이 매우 깊었습니다. 그런데 자식들이 다 자리를 잡았을 무렵 어머니는 갑자기 돌아가셨고, 얼마 뒤에 집에서 기르고 있던 암캐가 새끼 네 마리를 낳았습니다.

그 가운데 유독 한 마리는 아주 잘 생겨서 집안사람들이 애지중지 하였고, 강아지도 매우 잘 따랐습니다. 그러던 어느 날, 김재선의 꿈에 돌아가신 어머니가 나타나 말했습니다.

"재선아, 네가 애지중지하는 그 강아지는 네 에미였던 나란다. 살아생전에 못 다한 두 가지 미련 때문에 너희 집 강아지로 태어났으니, 생전에 못 이룬 소원을 네가 꼭 이루어주기 바란다."

그 소원이란, ① 서울에서 부산으로 가는 경부선 철도가 생긴 지 여러 해가 되었지만 기차를 타보지 못하였는데 한 번 태워줄 것, ② 합천 해인사에 있는 팔만대장경을 친견할 수 있도록 해주는 것이었습니다.

이튿날 김재선은 강아지를 안고 김천역으로 가서 기차를 타기 위해 기다리고 있을 때 철도역 직원이 '개는 태울 수 없다'고 하였습니다. '사정이 있어 이 개와 꼭 함께 타야 한다'며 옥신각신하는 사이에 기차가 와서 정차하였고, 강아지는 쏜살같이 기차 안으로 뛰어 들어가 의자에도 앉아보고 이곳저곳을 두루 살펴본 다음 기차가 떠나기 직전에 깡충 뛰어내려왔습니다. 승무원 때문에 기차를 타고 달리지는 못하였지만, 강아지는 아주 좋아하는 모습이었습니다.

며칠 뒤, 김재선은 강아지와 함께 합천 해인사로 갔습니다. 해인사 경내를 들어서자 꼬리를 흔들며 기뻐하였고, 큰 법당 작은 법당을 두루 데리고 다니자 문밖에서 넙죽 엎드려 참배하였습니다. 그리고는 팔만대장경판을 모신 장경각 안으로 날쌔게 들어가 요리조리 빠져 다니며 대장경판을 모두 구경하였습니다.

대장경판을 구경한 강아지는 그날 밤 해인사에서 죽었고, 어머니는 다시 현몽했습니다.

"에미의 소원을 풀어준 네 덕분에 이제 모든 미련을 풀고 천상락(天上樂)을 받게 되었구나. 나는 너희 5남매를 키울 때 오로지, '내 잘못이 자식들에게 불행의 씨앗이 되어서는 안 된다' 는 마음으로 살았다. 이 원을 품고 살다보니 매사에 조심을 하게 되었고, 다른 사람에게도 넉넉한 마음으로 대할 수 있었단다. 재선아, 부디 이 말만은 너도 명심하고 살아라. 이제 에미는 좋은 나라로 간다."

그리고 어머니는 높이 높이 하늘로 올랐습니다.

58 단 한가지 원이라도 참되이 발하라

문 무엇을 깨우쳐 주는 이야기인지 되짚어 주십시오.

답 남편 없이 홀로 5남매를 키운 어머니는 한평생을 '내 잘못이 자식들에게 불행의 씨앗이 되어서는 안 된다' 는 생각을 품고 살았습니다. 이것이 바로 한결같은 축원이요 참된 축원입니다. 이와 같은 원을 품고 살았기에

생전에 못 다한 두 가지 소원이 풀리자 강아지의 몸을 버리고 곧바로 천상에 태어나게 된 것입니다.

이제 우리를 돌아봅시다. '결코 우리 자식들에게 불행의 씨앗이 되는 짓은 하지 않겠다'는 등의 원을 간직하고 있습니까?

한 생의 편안함과 본능을 좇아 결혼을 하여 살고, 나의 뜻에 맞추어 자식을 키우며 사는 것은 내 욕심을 채우기 위해 사는 것이나 다를 바가 없습니다. 법당의 부처님 앞에서는 경건하게 기도하면서, 집에서는 남편·아내·아들딸이 '나'의 욕심처럼 되지 않는다며 화를 내고 짜증내고 꾸짖고 잔소리하며 산다면, 보다 나은 향상의 삶을 기대할 수 없을 뿐 아니라, 두고두고 후회하고 내생에서까지 고통을 받는 불쌍한 과보를 받을 수밖에 없습니다.

만약 우리가 김재선의 어머니처럼 자식을 행복한 쪽으로 향하게 하는 원을 깊이 있게 발한다면, 그 원이야말로 가족 모두에게 축복이 가득하도록 만드는 축원이 됩니다. 한 가지, 단 한 가지 원만이라도 한결같이 참되이 발한다면, 모든 좋은 일들이 자연스럽게 함께 한다는 것을 잊지 마시기 바랍니다.

59 근심걱정의 극복은 축원으로

문 늘 뿌리 깊은 축원을 간직하며 살아야 한다는 것과 그 중요성에 대해서는 충분히 이해하였습니다. 그런데 살다 보면 근심스러운 일들이 수시로 생겨나기 마련입니다. 이러한 근심걱정들은 어떻게 극복해야 합니까?

답 그렇습니다. 세속에서 사는 이들은 '나' 자신을 비롯하여 가족 및 친한 이들에 대한 근심걱정이 끊이지를 않습니다. 그들 중 누군가가 밥을 잘 먹지 않아서 걱정, 말을 잘 듣지 않아서 걱정, 병이 잦아 걱정, 게을러서 걱정, 공부를 하지 않아 걱정, 결혼을 하지 않아 걱정, 직장이 마땅치 않아 걱정, 술과 담배를 끊지 않아 걱정, 돈을 잘 못 벌어 걱정…. 그야말로 가족에 대한 걱정만 하여도 끝이 없습니다.

거기에다 사회가 각박해지다 보니 밖에 있는 시간도 걱정이 됩니다. 남에게 피해를 입지는 않을지, 차 사고가 나지는 않을지, 학교나 직장에서는 잘 지내고 있는지, 왕따는 당하지 않는지….

며칠 동안 여행을 할 때도 잘 도착은 했는지, 밥은 잘 먹는지, 잠자리는 편안한지, 아프지는 않은지, 별다른 사고는 없는지 등등 걱정이 끊이지를 않습니다.

하지만 냉정히 생각해 보십시오. 자나 깨나 걱정을 하지만, 걱정을 한다고 하여 '나' 자신이 편안해집니까? 아닙니다. 걱정을 하면 할수록 더 큰 불안감에 휩싸입니다. 그럼 걱정의 대상이 되는 가족은 편안해집니까? 역시 아닙니다.

오히려 가족 사이에는 뇌파의 작용이 어느 누구보다도 강하기 때문에 근심걱정의 기운이 쉽게 전달되며, 근심걱정의 기운이 많이 전달될수록 일이 잘 풀리지 않게 됩니다. 사랑하기 때문에 걱정을 하는 것인데 오히려 역효과만 낳게 되고, 가족 사이에 보이지 않는 골만 깊어지게 됩니다.

나아가 걱정하는 것이 습관이 되어버려, 근심 걱정을 버릴 생각은커녕 계속 걱정을 합니다. 근심걱정 하는 것이 나의 할 일인 양 끊임없이 걱정만 늘어놓게 되는 것입니다.

이것이 바람직한 태도입니까? 아닙니다. 그럼 어떻게 해야 하는가?

불필요한 근심걱정이 일어날 때, 마음이 공연한 불안감에 휩싸일 바로 그때 축원을 하십시오. 축원으로 근심

걱정을 극복하십시오. 걱정이 되더라도 걱정 속에 빠져들지 말고 축원을 하십시오. 축원이야말로 모든 근심걱정을 행복의 기운으로 바꾸는 최고의 방법입니다.

60 구체적인 축원법

문 근심걱정이 일어날 때 구체적으로 어떻게 축원을 할까요?
답 축원은 우리의 주변을 긍정적인 기운으로 바꾸는 참 좋은 방법입니다. 몇 가지 예를 들겠습니다.

학교에 가는 자녀들, 밤늦게 집을 나서는 가족에게 '조심하라'는 말보다는 '잘 다녀오너라' 하고, '아무런 일도 없어야 할텐데'라는 걱정 대신 몇 차례 염불을 한 다음, '불보살님의 가피가 우리 ○○와 늘 함께 하여지이다'라는 축원을 하십시오.

아이가 공부를 하지 않는다고 걱정을 하거나 미워하기보다는 '저 아이에게 지혜의 빛과 인내력을 주시어 공부를 잘 할 수 있게 해주셔서 감사합니다'라고 축원하십시오.

결혼을 하지 않는 것을 근심하기보다는 '좋은 인연을 만나 행복하게 살게 해주셔서 감사합니다' 라는 축원을 하십시오.

그리고 일반적인 축원으로, '늘 건강하게 뜻하는 바 잘 이루고, 크게 향상하게 해주셔서 감사합니다' 라고 축원하십시오.

부딪히는 생활의 모든 부분에서 근심걱정이 일어날 때마다 그 자리를 축원으로 가득 채워 보십시오. 평화로움이 저절로 깃들고, 가족 사이가 참으로 훈훈한 관계로 바뀌게 됩니다. 근심걱정 대신 축원이라는 촉매제를 투여하면 가족 모두가 행복해집니다. 다가오던 불행마저도 행복으로 바뀌고, 나의 불안감을 편안함으로 바꾸어 줍니다.

가족이나 가까운 이를 향해 될 수 있으면 많이 많이 축원하십시오.

"우리 ○○에게 불보살님의 자비와 평화와 행복의 빛이 가득하게 해주셔서 정말 감사하옵니다."

"늘 열심히 사는 우리 남편! 늘 건강 하옵고 불보살님의 빛과 힘이 충만하여지이다."

이런 식으로 나름대로 짤막한 축원을 만들어, 아침·

점심·저녁때는 물론이요 가족에 대해 걱정스런 생각이 일어날 때마다 축원을 해주십시오.

근심걱정의 기운을 불보살님의 자비광명 속에 던지면 가족들에게 다가오던 나쁜 것들은 저절로 흩어지고 복된 기운이 담뿍 전달됩니다. 이는 마치 거울로 빛을 받아 굴 속을 비추면 어두운 굴 속이 광명의 세계로 바뀌는 것과 같은 원리입니다.

61 축원하며 밥을 먹고 생활하자

문 생활 속의 축원법으로 더 권할 만한 것은 없습니까?

답 법회를 할 때 큰스님들께서는 '축원 속에서 밥을 하고 빨래하고 청소하라'는 말씀을 자주 하십니다. 하지만 이것을 실천하는 분들은 좀처럼 보이지 않습니다.

축원을 하십시오. 청소를 할 때 축원을 하십시오.

"집 안팎을 깨끗이 하는 이 청소의 공덕으로 집안 식구 모두의 몸과 마음이 맑아지고 밝아지고 청량하여지이다."

빨래를 할 때에도 축원을 하십시오.

"빨래를 할 때 모든 때가 떨어져 나가듯이, 이 옷을 입는 이에게서 모든 액운이 소멸되어지이다."

매일 밥을 짓고 반찬을 만들 때도 축원하십시오.

"내 손으로 지어드리는 이 음식을 잡수시는 분 모두 건강하시고, 당신들의 바라는 바를 이루어지이다."

축원 속에서 지어드리는 밥은 좋은 약이 되지만, 불평불만을 가득 품고 만드는 음식은 독약이 된다고 합니다. '나'의 욕심과 불평불만이 '나'의 손끝을 통해 음식에 전달되고 빨래나 청소를 할 때 노출된다는 것은 이미 다 알려진 사실. 축원하며 밥하고 빨래하고 청소하면 온 가족이 건강해지고 액운이 사라지거늘, 어찌 생활 속의 축원을 마다할 일이겠습니까?

이뿐만이 아닙니다. 집안에서 불경을 읽거나 기도를 할 때에도 그 처음과 끝에 축원하기를 잊지 마십시오. 그리고 하루 세 끼 식사를 할 때에도 숟가락을 들기 전에 공양에 대한 감사와 함께 가족과 나에 대한 축원을 하십시오.

매일매일 축원을 하면 그 축원이 맹세코 나의 원이 되고, 그 축원이 나의 마음을 채찍질하고 가족을 살리는 힘이 됩니다.

한 가지 더 당부 드리고 싶은 것은 불전을 바칠 때 꼭 축원을 하라는 것입니다.

불자들이 복전함에 돈을 넣는 것을 자세히 살펴보면, 돈을 넣고는 쑥스러운 듯 금방 돌아섭니다. 하지만 이렇게 바로 돌아서면 안 됩니다. 꼭 부처님을 향해 서서 축원을 하십시오. 반배를 올리면서 마음속의 소원을 발하십시오. 그것도 한 번이 아닌 세 번을 발하십시오.

이렇게 축원을 담아 불전을 바치게 되면 재시(財施)가 차츰 법시(法施)로 바뀌면서, 그냥 바치는 것보다 훨씬 더 큰 공덕이 생기게 됩니다. 꼭 실천해 보시기 바랍니다.

62 불전을 바치며 가족축원 꼭 하자

㉆ 집에서 기도할 때도 축원을 하며 불사금을 모아도 됩니까?
㉤ 참으로 좋은 질문입니다. 복덕은 물질로만 이루어지는 것이 아닙니다. 정성이 깃들고 축원이 깃들어야 합니

다. 돈이 있다고 하여 불사(佛事)에 무조건 돈을 희사하기 보다는, 정성이 깃들고 축원이 깃든 돈을 바치면 더욱 좋습니다. 그 방법으로 참으로 권할 만한 것이, 평소 가정에서 축원을 하면서 모은 돈을 바치는 것입니다.

가족이 셋이면 셋, 넷이면 넷, 한 사람당 백원이라도 좋고 천원이라도 좋습니다. 형편대로 쉽게 보시할 수 있는 액수를 정하여 저금통에 넣거나 스스로가 만든 복전함에 넣으십시오.

하지만 그 돈을 절대로 그냥 넣지 마십시오. 배우자 몫으로 돈을 넣으면서 배우자를 세 번 축원해 드리고, 아들 몫으로 돈을 넣으면서 아들 축원을 세 번 해주고, 딸의 몫으로 돈을 넣으면서 딸을 세 번 축원해 주십시오. 그리고 내 몫으로 돈을 넣으면서 나의 축원을 세 번 발하십시오. 이렇게 축원과 함께 재물보시를 하게 되면 무량공덕이 쌓여 반드시 좋은 결실을 맺게 됩니다.

그리고 모은 돈은 꼭 불사에 쓰십시오. 다니는 절의 불사에 써도 좋고 법보시 불사에 써도 좋으며, 가난하고 어려움에 처한 이를 돕는 데 써도 좋습니다. 그 모두가 깨달음을 이루는 불사, 깨달음의 밑거름이 되는 불사입니다.

가정에서 가족을 위한 축원을 담아 모은 그 돈이 깨달음을 이루는 불사에 사용될진대, 어찌 재물보시가 법시로 탈바꿈하지 않겠습니까?

63 나에 대한 축원을 빠뜨리지 말자

문 좀 어리석은 질문을 드리겠습니다. '내 축원도 세 번씩 하라'고 하였는데, 나 자신을 위한 축원을 해도 되나요?

답 누가 '하면 안 된다'고 하였습니까? 내 축원을 한다고 하여 부처님께서 꾸중을 하십니까?

오히려 무엇보다 중요한 것, 가장 중요한 것이 나에 대한 축원입니다. 나의 소원을 담은 축원, 나의 발전을 위한 축원은 꼭 해야 합니다. 그래야 기도생활이 오래 유지되고, 참된 생명력을 되찾을 수 있습니다.

64 모든 하소연을 부처님께 바치며

🔵 때때로 가족을 위해 기도를 하다 보면 나만 힘들다는 생각이 들 때가 있습니다. 특히 가족들의 생활 태도에 전혀 변함이 없을 때는 기도하고 축원하면 무엇 하나? 싶을 때도 있고 다 그만두고 싶을 때도 있습니다. 이러한 때에는 어떻게 극복해야 합니까? 또 누구에게 하소연해야 합니까?

🔵 앞에서도 이야기 하였듯이 기도에는 크고 작은 시험이 있기 마련이요, 기도 성취는 반드시 시절인연이 성숙되어야 합니다. 그러므로 기도나 축원을 그만두면 안 됩니다. 업이 녹을 때까지, 고비를 넘길 때까지 계속 축원하며 기도해야 합니다.

물론 고비를 넘기기 직전이 가장 힘이 빠지고 괴롭습니다. '나의 축원이 잘못된 것이 아닌가' 싶고, '기도 성취를 못하는 것이 아닌가' 의심이 들기도 합니다. 하지만 이때 그만두면 안 됩니다. 이때만 잘 넘기면 가피를 입을 수 있습니다.

그리고 답답한 마음은, 괴로운 마음은, 가족에 대한 섭섭한 감정은 모두모두 부처님 전에 바치십시오.

"부처님, 제가 온갖 정성을 다하여 돌보는 우리 가족이 저를 너무나 슬프게 만듭니다. 부처님, 저는 어떻게 해야 합니까? 나의 정성을 도무지 몰라주는 가족들을 위해 계속 축원을 해주어야 합니까? 몹쓸 인간입니다. 어찌 이토록 나를 힘들게 합니까? 부처님, 길을 일러 주십시오."

어떠한 하소연이라도 좋습니다. 어떠한 감정표현이라도 좋습니다. 눈물이 나면 눈물을 펑펑 쏟으며 마음속의 이야기를 부처님께 고하십시오. 대자대비하신 부처님께서는 어떠한 이야기도 문제로 삼지 않고 평등한 마음으로 들어 주십니다.

그리고 부처님께 마음껏 하소연을 하고 나면 모성애 가득한 어머니, 자애심 넘치는 아버지, 효성스런 아들딸로 돌아와 다시 축원을 할 수 있게 됩니다.

"부처님, 저희 가족이 실답지 못하여 저의 마음을 아프게 하였지만, 어찌 그것이 본심이었겠습니까? 대자대비하신 부처님이시여, 저희 가족의 허물을 용서 하옵시고, 부처님의 자비광명 속에서 그들의 소원하는 바가 잘 이루어지게 하옵소서. 부처님 감사합니다."

이렇게 섭섭한 마음을 녹이고 제자리로 돌아와 꾸준히 축원을 하게 되면 문제의 가족도 본심을 되찾아 바르고 복된 삶을 살 수 있게 됩니다.

축원, 한결같은 축원. 이것은 단순한 바람이 아닙니다. 위없는 자리로 나아가는 노력이요 정진입니다. 축원이 끊임없이 이어지면 저절로 복이 깃들고, 복이 깃들면 지혜가 밝아지고, 지혜가 밝아지면 모든 일이 자연스럽게 성취되며, 우리 가정이 정토(淨土)로 바뀌면서 가족 모두가 평화롭고 푸근한 삶을 누리게 됩니다.

축원의 공덕이 진실로 이러하거늘, 어찌 부처님께서 우리를 위해 일러주신 이 좋은 축원법을 마다할 수 있겠습니까? 꼭 축원하는 생활을 잊지 마시기를 간곡히 당부드립니다.

7
가장 거룩한 발원

65 가장 거룩한 발원은 자타일시성불도

❓ 앞에서는 우리의 현실적인 삶과 관련된 기원과 축원에 대해 논하였습니다. 그런데 기원과 축원은 불교 이외의 종교에도 있습니다. 그렇다면 불교만의 특징적인 원, 가장 불교적인 원, 가장 거룩한 대원(大願)은 무엇입니까?

💡 우리 불자들이 법회 끝에 꼭 발하는 사홍서원(四弘誓願), 많은 부처님들께서 한결같이 발하신 여래십대발원(如來十大發願), 지장보살·관세음보살·문수보살·보현보살 등의 대보살들이 발하신 대원 등 여러 가지 거룩한 발원들이 있지만, 한 가지 만을 꼽으라면 아침저녁으로 올리는 예불의 마지막 구절을 내세우고 싶습니다.

願共法界諸衆生　원공법계제중생
自他一時成佛道　자타일시성불도
원컨대 이 법계의 모든 중생들
나와 남이 일시에 불도를 이루어지이다

세상 사람들의 원은 수없이 많습니다. 그렇지만 가장 거룩하고 가장 큰 소원은 자타일시성불도입니다. 온누리

중생이 다함께 부처되기를 소원하는 것입니다.

내가 부처의 몸을 이루었다고 생각해 보십시오. 나에게 무슨 문제가 생기겠습니까? 그리고 모든 이들이 부처가 되었다고 해보십시오. 이 세계는 그야말로 자비와 지혜와 평화와 행복만이 가득할 것입니다.

불자의 최종목표인 성불(成佛). 정녕 성불의 길을 걷는 불자에게 있어 자타일시성불도는 너무나 당연한 발원입니다. 혼자만의 성불이 아닌 모든 중생의 성불. 이것을 가르치는 것이 불교입니다.

불교는 결코 혼자만의 행복을 이야기하지 않습니다. 아무리 도가 높다 한들 자타일시성불도, 곧 모든 중생의 행복과 해탈을 발원할 줄 모르는 이는 결코 부처의 경지로 나아가지 못합니다.

가만히 생각을 해보십시오. 왜 우리가 믿는 대승불교에서는 소승의 최고 성자인 아라한을 대단하게 보지 않는 것일까요? 왜 영생을 누린다는 신선(神仙)을 대수롭지 않게 여기는 것일까요? 그 이유는 오직 하나, 신선이나 아라한이 혼자만의 영생, 혼자만의 해탈 속에 빠져 살기 때문입니다.

정녕 불자들이 부처가 되고자 한다면 부처님이 행하셨

던 것처럼, 혼자만의 이익과 혼자만의 해탈이 아니라 다른 사람을 이롭게 하고 다른 사람을 깨닫게 해야 합니다. 다른 사람과 함께 이익을 나누고 향상의 길을 걸으면서 함께 성불하고자 해야 합니다.

'원공법계제중생 자타일시성불도'는 이것을 일깨워주고 있습니다. 곧 우리더러 자리이타를 함께 닦아 자각각타(自覺覺他)하는 보살이 되라는 것이며, 그 보살의 출발점이자 성불의 씨앗인 '자타일시성불도'의 원을 발하라는 것입니다.

66 부처될 씨앗 심기

문 과연 '자타일시성불도'가 성불의 씨앗이 될 수 있습니까?

답 원(願)과 원성취(願成就)…. 원은 씨앗이고 원성취는 결과입니다. 곧 원을 발하는 것은 인(因)을 심는 것이요 원성취는 과보(果報)인 것입니다.

이 세상의 모든 것은 인과의 법칙을 벗어나는 것이 없습니다. 좋은 결실을 맺고자 하면 무엇보다 먼저 좋은 씨앗을 심어야 합니다. 썩은 씨앗, 부실한 씨앗을 심어놓고 어떻게 좋은 싹이 나오기를 바라며 좋은 열매 맺기를 바랄 것입니까!

가장 중요한 것은 씨앗입니다. 우리의 발원, 우리의 마음가짐이 바로 그 씨앗입니다. 지금 우리가 부처될 씨앗을 심지 않는다면 아무리 노력한들 부처를 이룰 수 없고, 영원생명·무한행복의 결실을 거두어들일 수가 없습니다. 그리고 작은 원으로는 대해탈과 대행복의 경지에 이를 수 없기 때문에, 부처님께서는 이를 모른 채 방황하는 우리들에게 자타일시성불도의 씨앗을 마음밭에 심게 하신 것입니다.

67 나를 비울수록 커지는 행복

(문) 자타일시성불도가 참으로 좋은 원이라는 것은 알겠습니다. 그런데 다른 사람의 이익과 깨달음을 위해 살면 나는 언제 닦고 언제 깨닫습니까?

(답) 당연히 가질 수 있는 생각이지만, 이것이 행복을 추

구하는 이들의 착각이요 걸림돌이 된다는 사실을 잊어서는 안 됩니다. 왜냐하면 '나'를 앞세우는 아상(我相)이 좋지 않은 업을 만들고 법계의 무한행복과 하나가 되는 것을 가로막아 버리기 때문입니다.

나의 진실한 모습을 모르는 어리석음[我癡], 나의 견해[我見], 나의 사랑[我愛], 나의 교만[我慢]에 빠져 있는 이상에는 그 누구도 업의 결박에서 벗어날 수 없고, 업의 결박에서 벗어나지 못하면 해탈을 기약할 수 없습니다.

'나'를 앞세우는 마음가짐은 법계에 가득 충만되어 있는 무한한 행복의 기운을 차단시킵니다. '나'의 굴레에 사로잡혀 스스로 문을 닫고 사는 동안은 그 무한행복이 절대로 '나'에게 다가오지 않습니다.

꼭 명심하십시오. '나'가 비워질수록, 무아(無我)를 깨달으면 깨달을수록 자비심이 커지고, 자비심이 커질수록 부처의 경지와 가까워지고, 무한행복이 저절로 찾아들며, 나의 수행과 깨달음이 완성됩니다.

　　원공법계제중생 자타일시성불도

이 발원은 나의 행복을 버리라는 것이 아니라, 모든 중생이 함께 하는 원을 세우고 모든 중생을 구하고자 할 때 크나큰 행복과 해탈이 훨씬 빨리 '나'에게 깃들게 된다는 것을 가르쳐주고 있습니다.

68 중생무변서원도는 불도성취의 원동력

⊙ 문 다른 사람의 행복과 깨달음을 위해 살 때 나의 해탈과 깨달음이 더욱 쉽게 이루어진다는 말씀, 잘 이해하였습니다. 바로 이러한 까닭으로 사홍서원에서 '중생무변서원도'를 가장 먼저 세운 것이 맞습니까?

⊙ 답 참으로 잘 파악하셨습니다. '가없는 중생을 맹세코 건지겠다'는 원이야말로 우리를 위없는 불도를 성취하게 하는 원동력이 되기에 사홍서원의 첫머리에 둔 것입니다.

69 사홍서원은 불교의 생명력

⊙ 문 사홍서원(四弘誓願)에 대해서도 간략히 설명해 주십시오.

㉠ 사홍서원은 우리 불자들 스스로가 발하는 네 가지 큰 서원입니다. 이 서원(誓願)은 맹세의 원입니다. 그렇게 되기를 희망하는 정도가 아니라, 스스로 그렇게 하겠다고 맹세하는 것입니다.

眾生無邊誓願度　중생무변서원도
煩惱無盡誓願斷　번뇌무진서원단
法門無量誓願學　법문무량서원학
佛道無上誓願成　불도무상서원성
가없는 중생을 맹세코 건지리다
끝없는 번뇌를 맹세코 끊으리다
한없는 법문을 맹세코 배우리다
위없는 불도를 맹세코 이루리다

이 사홍서원은 역대의 모든 불보살님이 반드시 발하였던 근본서원이요, 불자라면 누구나가 배우고 세우고 이룩해야 할 큰 원입니다. 그러기에 법회를 할 때 삼귀의로 시작을 열고, 사홍서원을 노래하여 온 법계에 이 원을 가득 채운 다음 끝을 맺습니다. 왜 이렇게 하는가? 이 사홍서원이 불교의 생명력이요 성불의 근본 에너지가 되기 때문입니다.

　사홍서원은 모든 불자들이 잘 알고 있기 때문에 일일이 풀이하지 않겠습니다. 그런데 이 네 가지 원에는 꼭 지적해야 할 특이한 점이 한 가지 있습니다. 그것은 가없고[無邊] 끝없고[無盡] 한없고[無量] 위없는[無上] '그 무엇'을 맹세코 하겠다는 것입니다.

　가없기에 도저히 다 건질 수 없는 중생, 끝없기에 끊어도 끊어도 끝이 없는 번뇌, 한없기에 배워도 배워도 배울 것이 남는 법문, 위없기에 올라도 올라도 도달할 수 없는 불도. 그런데도 우리는 '맹세코 건지고 끊고 배우고 이루겠다'고 맹세합니다.

　이러한 모순이 어디에 있습니까? 가만히 문맥상으로 따져보면 이루지 못할 것을 '하겠다'는 것입니다.

　그럼 어떻게 해야 하는가? 이것이 비록 모순이요, 이율배반이요, 거짓말일지라도 불자들은 마땅히 하여야 합니다. 가능함이 보장되어 있기 때문에 '하겠다'고 맹세하는 것이 아니라, 그것이 부처님의 아들딸인 불자의 길이요, 보살불자가 마땅히 가야 할 길이기 때문에 마냥 나아가는 것입니다.

　끝이 보장되어 있지 않은 그 길…. 비록 불가능할지라

도, 우리 불자들은 끝이 보장되어 있지 않은 그 길을 한결같이 나아가야 합니다. 이것이 불자의 소원이요 생활이기 때문입니다.

우리는 그 어떤 성취에 앞서 한결같이 나아가는 이 사홍서원의 정신을 마음에 담아야 합니다.

정녕 원(願)이 무엇입니까? 마음가짐입니다. 비록 그 원이 불가능해 보일지라도 마음가짐을 바르게 하여 꾸준히 나아가면 힘[願力]이 생기고, 그 원 속에서 마음을 넉넉하게 쓰면 행복이 스스로 깃들게 됩니다. 그러하거늘, 어찌 이 사홍서원을 '나'의 원으로 삼지 않을 까닭이 있겠습니까?

70 주위를 살리는 원을 발하라

🔵 **문** 법회 때마다 계속 발한 사홍서원인데, 감히 실천하기 어렵지만 꼭 마음에 담아야 할 거룩한 발원임을 미처 깨닫지 못했습니다. 이 거룩한 원을 가족과 주위 분들께는 어떤 식으로 적용시킬 수 있을까요?

㉠ 비록 이 거룩한 발원들을 다 실천하지는 못할지라도 이 네 가지 대원의 정신을 품고 사는 것이 중요합니다. 곧 주위를 살리고 번뇌를 없애고 법문을 배우고 불도를 성취하고자 노력해야 합니다. 이 넷 중 중생무변서원도를 가지고 조금 더 이야기하겠습니다.

우리는 불보살님처럼 중생 모두에게 힘을 기울이지는 못합니다. 그러나 스스로가 깊은 인연이라고 생각하는 가족과 가까운 사람들에게만이라도 살리는 원을 세우며 살아야 합니다. 가정과 환경이 '나'를 위해 존재하도록 요구하는 것이 아니라, 가정과 주위를 살리는 원을 발하고자 노력해야 합니다.

"저의 복은 가족 모두가 잘되고 집안이 잘된 다음에 받겠습니다."

"가족이나 이웃의 고통과 재앙은 저에게 주시고, 제가 받을 복은 가족과 이웃에게 돌려주십시오."

이렇게 '좋은 복은 가족과 주위사람들에게 돌리고 고통은 내가 짊어지겠다'는 원을 세우며 살 수 있는 사람이야말로 참된 부처님의 제자요, 법왕자인 보살입니다.

71 대원을 품으면 무한행복이 깃든다

㉠ 이러한 원을 세우라고 하면, "이렇게 원을 세우고 기도하면 나만 불행해지고 힘들어지는 것이 아닐까?" 하며 걱정부터 합니다. 과연 문제가 없습니까?

㉡ 조금도 걱정하거나 두려워할 것이 없습니다. 오히려 그 반대입니다. 관세음보살님이나 지장보살님을 보십시오. 그 분들은 '나'를 잊고 남을 위하는 마음만을 가졌기에 써도 써도 다함이 없는 복전(福田)을 일구었습니다. 그 복은 단순한 인과의 복이 아닙니다. 대우주의 복, 대우주 법계에 가득 충만되어 있는 복 그 자체입니다.

그러므로 누구든지 자신의 이기심이나 눈앞의 이익을 따르지 않고 대원을 마음에 품고 살아가면, 가족은 물론이요 나에게도 흠뻑 복이 찾아들게 됩니다. 왜냐하면 대원이 강하면 강할수록 불행의 원인이 되는 아상이나 이기심이 그만큼 빨리 무너져 내리기 때문입니다.

'나'의 아상이나 이기심이 잦아들고 '나'의 벽이 무너져 내리면 법계와 하나가 되어 대우주의 무한행복이 저절로 '나'에게 깃들게 되는 법! 이 원리를 깊이 명심하시어, 거룩한 서원을 많이 발하시기 바랍니다.

72 자주 발할수록 좋은 대원

문 이러한 대원은 어느 정도 발하여야 합니까?

답 사홍서원과 같은 대원은 한 번 발하는 것으로 그쳐서는 안 됩니다. 거듭거듭 발하고 또 발하여, 대원에 걸맞는 힘이 생길 때까지, 아니, 성취의 그날까지 계속계속 발하여야 합니다. 최소한 법회나 기도 끝에는 반드시 발하여야 합니다.

한 방울의 물은 힘이 되지 못하지만, 방울방울의 물이 모이고 또 모이면 큰 강과 바다가 되며, 강이 되고 바다가 되면 능히 만물을 포용하고 살릴 수 있게 됩니다.

이 물과 같이 우리의 원도 거듭거듭 발하면 부처님이나 대보살님들과 같은 대원의 바다가 된다는 것을 잊지 마시고, 끊임없이 우리의 거룩한 마음밭에 거룩한 대원의 씨를 심으시기 바랍니다.

73 합리적인 발원문

㉮ 대원만을 발할 수 없는 우리 같은 범부는 매달리는 기원, 잘되기를 바라는 축원, 대행복과 대해탈을 여는 거룩한 대원을 함께 발하며 살 수밖에 없습니다. 그래서 이 셋을 모두 담아 기도의 시작과 끝에 염하는 발원문을 만들고자 합니다. 어떻게 만드는 것이 합리적일까요?

㉯ 첫째, 현실적으로 다급한 문제가 있으면 그에 대한 기원문부터 만드십시오.

둘째, 가족 및 나의 건강과 평안, 그리고 현재의 삶 속에서 성취해야 하거나 가피를 입었으면 하는 일들을 일일이 발원하십시오.

셋째, 사홍서원 한 번, 또는 '원공법계제중생 자타일시성불도'를 세 번 염하시면 됩니다.

74 오달국사의 업보

문 원을 잘 세우고 노력하게 되면 '심은 대로 거두기 마련'인 우리의 업보까지도 능히 극복할 수 있습니까?

답 물론입니다. 지금 이 자리에서 원(願)을 세워 힘을 모으면 참으로 복되고 가치 있는 삶을 만들 수 있습니다. 이해에 도움을 드리기 위해 우리 불자들이 잘 알고 있는 '오달국사와 인면창' 이야기를 함께 음미해 보고자 합니다.

❀

중국 당나라 말기에 오달국사(悟達國師)라는 고승이 계셨습니다. 스님은 젊은 시절 절에서 병자를 돌보는 '간병(看病)'의 소임을 보았는데, 어느 날 성질이 포악하고 인물이 괴상한 노스님 한 분이 병당(病堂)으로 들어왔습니다. 그 노스님의 병은 문둥병이었습니다. 온몸이 곪아 터져 피가 나고 고름이 났으며, 고약한 냄새가 진동했습니다. 게다가 자기의 요구대로 해주지 않으면 마구 때리고 야단을 치는 것이었습니다.

그러나 스님은 그 문둥병 스님의 피·고름과 신경질을

싫어함이 없이, 곁에서 열심히 간병하였고, 지극한 간호의 덕택이었던지 그렇게 중한 문둥병이 3개월 만에 완치되었습니다. 노스님은 떠나면서 말했습니다.

"스님의 정성으로 병이 이렇게 나았으니, 내 한 가지 일러주리다. 스님 나이 40이 되면 나라의 국사로 뽑혀 천하의 존경을 받을 것인데, 그때 마음을 교만하게 가지면 크게 고통 받는 일이 생길 것이오. 그때 꼭 나를 찾아오시오. 다룡산 두 그루 큰 소나무 아래에 있는 영지(靈池)로 오면 나를 만날 수 있다오."

과연 40세가 되자 스님은 황제의 칙명으로 '오달국사'라는 호를 받았고, 금빛 찬란한 금란가사를 입고 천하진미만 입에 넣게 되었으며, 만조백관 위에 군림하게 되었습니다.

권력의 심장부에 있다 보니 오달국사는 자신도 모르는 사이에 노비구의 말대로 교만에 빠져들었습니다. 열심히 공부하던 자세는 차츰 사라졌고, 철저했던 계행도 가벼워졌으며, 자비심도 점점 옅어졌습니다.

그렇게 지내던 어느 날, 아무런 까닭 없이 넓적다리가 쓰리고 아파 오기 시작하는 것이었습니다. 만져보니 난데없는 혹 하나가 생겼는데, 점점 커지더니 며칠 만에 주먹 만해졌습니다. 더욱 이상스런 것은 그 혹에 눈도 코도 입도 있어 마치 사람의 얼굴과 꼭 같은 것이었습니다. 특히 걸을 때마다 오는 심한 통증으로 얼굴이 크게 일그러졌는데, 하루는 그 아픈 다리에서 이상하게 사람의 말소리가 들렸습니다.

"오달아, 걸음을 걸을 때는 제발 조심조심 걸어 내가 아프지 않게 해다오. 네가 품위를 유지하기 위해 다리를 절뚝거리지 않으려고 억지로 걸음을 걸을 때마다 나의 얼굴이 당겨서 견딜 수가 없구나."

"너는 누구이며 나와는 무슨 원한이 있느냐?"

오달국사가 기절초풍을 하며 물었건만 인면창(人面瘡)은 입을 다물어 버리고 말을 하지 않았습니다. 백약이 무효하여 고통의 나날을 보내던 어느 날 밤, "나이 40이 되면 나라의 국사로 추대를 받아 천하 사람의 존경을 받는다"고 한 노스님의 말씀이 쟁쟁하게 울려오자, 오달국사는 부귀고 영화고 다 팽개치고 야반도주를 하여 다룡산 두 소나무 아래의 영지를 찾아가니, 한 정자에 과연 그때의 노스님이 앉아 있었습니다.

오달국사로부터 인면창 이야기를 들은 노스님은 지시했습니다.

"인면창은 바로 그대 원수이니 어서 저 영지(影池)의 물로 말끔히 씻어 없애버리시오."

오달국사가 영지로 내려가 물로 씻으려 하는데 인면창이 다급히 말했습니다.

"잠깐만 기다리게. 우리의 관계를 밝힐테니…. 나는 옛날 한나라 경제(景帝) 때의 재상 조착이었고, 너는 그 당시의 오나라 재상 원앙이었다. 너는 우리나라의 사신으로 왔다가 경제 황제께 내가 큰 죄를 지은 것처럼 고해바침으로써 무고한 나를 일곱 토막을 내어 죽게 만들었다.

그것이 철천지원이 되어 기회만 있으면 원수를 갚고자 하였으나, 그 뒤 네가 인생의 무상을 느끼고 승려가 되어 위없는 깨달음을 이루겠다는 원을 세우고 마음 닦기를 게을리 하지 않아 기회를 얻을 수가 없었다.

그런데 마침 네가 국사가 되어 계행이 날로 해이해지고 수행에 구멍이 나기 시작하자, 너를 보호하던 모든 선신이 떠나가 버리더구나. 그 틈에 나는 너의 몸에 인면창으로 뿌리를 박을 수 있게 된 것이다.

저 스님은 말세의 화주로 다롱산에 계시는 빈두로(賓頭盧)존자 이시다.

네가 깊은 불심으로 많은 사람을 구제해 온 공덕과 병

든 스님네를 잘 간병한 공덕으로 오늘 존자님의 은혜를 입게 되었고, 나 또한 가피를 입어 해탈하게 되었다. 이제 그대와의 원한은 모두 잊을 것이다."

오달국사가 그 물로 인면창을 씻자 뼛속까지 아픔이 전해지더니 인면창이 순식간에 사라졌습니다.

75 대원을 발하면 업이 뒤로 물러선다

🔵 문 오달국사 이야기만으로는 원이 업을 앞선다는 사실에 깊이 다가서지 않는군요. 이 이야기 속에 숨겨져 있는 의미를 꼬집어 주시겠습니까?

🔵 답 그렇겠지요. 이 이야기를 접하면서 불자들은 생각을 합니다.

'아, 업이란 참으로 무서운 것이구나. 국사가 된 큰스님도 업을 면하지 못하는데 우리야 오죽하랴.'

'인간의 원결(怨結)이 이토록 지독한 것인가? 무려 1천 년의 세월이 흘렀는데도 원한을 풀지 않고 기회를 노리다가 인면창이 되어서까지 괴롭히다니….'

이렇게 느끼는 것이 보통 사람의 생각입니다. 그러나 이 이야기 속을 자세히 들여다보면 업보(業報)에 대해 새로운 눈을 뜰 수가 있습니다.

『삼세인과경』 등의 인과응보를 설한 경전이나 상식의 수준에 비추어 보십시오. 죄 없는 조착에게 거짓 죄를 뒤집어 씌워 일곱 토막을 내어 죽게 만든 원앙의 죄업. 이 죄업이라면 다시 인간으로 태어난다는 것이 불가능할 만큼 무거운 것입니다. 『삼세인과경』 등의 경전에 준한다면 원앙의 죄는 다생다겁 동안 아비지옥에 떨어져 한없는 고통을 받아야 마땅합니다.

그런데 원앙은 어떠했습니까? 인생무상을 느끼고 승려가 된 다음 여러 생을 도를 닦으며 살았습니다. 지옥에서 고통을 받으며 살아야 할 자가 어떻게 도를 닦으며 살 수가 있습니까? 이것 자체부터가 우리의 상식을 크게 뛰어넘는 일입니다.

하지만 이것은 가능한 일입니다. 비록 큰 죄를 지어 큰 고초를 받을 처지에 이르렀더라도, 무상(無常)을 느끼고 참회하면서 위없는 깨달음을 이루겠다는 발원을 하면 그 원(願)에 의해 업(業)이 뒤로 물러섭니다. 원앙처럼 도를 닦으며 세세생생 원 따라 살 수 있게 되고, 마침내는 업력까지 뛰어넘을 수 있다는 것입니다.

　나아가 업만이 아니라, 습(習)도 넘어설 수 있습니다.

76 원따라 살면 습도 넘어선다

　🙂 습은 또 무엇입니까?

　🙂 불교에서는 우리의 삶을 움직이는 내부적인 힘을 세 가지로 분류합니다. 그 셋은 업(業)과 습(習)과 원(願)입니다. 이 셋 가운데 하나인 습(習)은 익힌 버릇입니다. 다생다겁 동안 익혀온 버릇이 습입니다. 지금의 '나'는 현생에 익힌 습만으로 존재하지 않습니다.

　과거 전생의 수많은 생애, 수백 생 수천 생 동안 익힌 버릇이 계속 이어져 지금도 함께합니다. 축생이었을 때의 버릇, 천인이었을 때의 버릇, 아수라였을 때의 버릇, 양반이었을 때의 버릇, 거지였을 때의 버릇, 왕족이었을 때의 버릇, 남자였을 때 여자였을 때의 버릇 등 수백 수천 생의 습관들이 똘똘 뭉쳐 지금의 '나'를 있게 하는 것입니다.

유난히 잠을 많이 자고 바람을 많이 피우고 술을 많이 먹는 것도 습과 관련이 있습니다. 현생에서 제대로 배우지 않았는데도 그림을 잘 그리고 악기를 잘 다루고 어려운 계산을 척척 하는 것 또한 전생에 익힌 습으로 인한 것입니다.
　좋은 습을 타고난 사람은 현세에서 더욱 발전시켜 나갈 수 있습니다. 또 나쁜 습을 타고난 사람은 필요에 의해, 환경의 변화에 의해, 외부의 강한 충격에 의해 그 습을 능히 바꿀 수 있습니다.

77 원력이야말로 무한행복의 열쇠

問　업력(業力)과 습력(習力)과 원력(願力)의 셋 중 어느 힘이 가장 강합니까?

答　원력입니다. 원력은 업력과 습력을 뛰어넘습니다. 강한 원의 힘이 업이나 습보다 앞서간다는 것입니다. 그래서 불교에서는 원을 세우라고 합니다. 특히 대승불교에서는 무엇보다 먼저 원을 잘 세우라고 합니다.

예를 하나 들겠습니다.『무량수경』등에는 극락에 태어나고자 하는 원을 세우고 '나무아미타불' 염불을 열 번[十念]만이라도 지극히 하라고 합니다. 그렇게 하면 틀림없이 극락에 왕생할 수 있다고 하셨습니다.

단 열 번의 지극한 '나무아미타불' 염불! 이것으로 극락에 태어난다는 사실이 믿어집니까? 평생 나쁜 짓을 하였어도 십념(十念)의 염불로 극락왕생을 하게 되고, 극락에 왕생하면 다시는 윤회하지 않고 성불할 때까지 잘 공부하면서 행복하게 지낸다는 것이 믿어집니까?

인과만 믿는 중생이라면 쉽게 믿지 못할 것입니다. 그렇다면 부처님께서 거짓을 말씀하신 것입니까? 절대로 아닙니다. 바로 원의 힘 때문에 이것이 가능한 것입니다. 열 번만 잘 염불하면 왕생케하겠다는 아미타부처님의 근본서원과 극락왕생하고자 하는 '나'의 원이 맞아 들어갔기에, 업력에 의한 육도윤회의 길을 벗어나 극락세계에 왕생하는 것입니다.

지옥에 떨어지는 것이 마땅한 원앙이 세세생생 공부 잘 하는 승려가 되고 국사로 추앙 받을 수 있었던 것도 바로 이 원력 때문이었습니다. 원력이 업력보다 앞서가기 때문에 이와 같은 삶의 길이 열릴 수 있었던 것입니다.

이제 우리 불자님들은 확신 속에서 살아야 합니다.

"업력·습력·원력 중에서 원력이 가장 앞선다. 나의 삶을 가장 앞서서 인도하는 힘은 지금 이 자리의 내 원력이다."

이렇게 원력에 대해 확신을 갖고 지금 이 자리에서 원을 잘 세우고 닦아 가면, 원앙처럼 업을 넘어선 훌륭한 삶을 살 수 있게 됩니다.

그러나 잊지 마십시오. 이 중요한 원도 내면의 원으로만 있을 때는 원성취(願成就)가 되지 않습니다. '나'의 원을 핵으로 삼아 끊임없이 생각하고 마음을 모으고 노력하여 힘을 모아야만 원성취가 가능해집니다.

단순한 원에 힘[力]이 모이면 원력(願力)이 되고, 원력으로 움직이면 원성취가 어렵지 않습니다. 흔히들 원을 세우고 백일기도 등을 하는데, 이때의 기도가 바로 힘을 모으는 방법인 것입니다. 이렇게 하여 스스로가 세운 원에 힘이 충만하여지면 어떻게 되겠습니까? 저절로 원성취가 되는 것입니다.

결코 잊지 마십시오. 원력은 행복의 문을 여는 열쇠입니다. 원력이야말로 우리를 무한행복의 삶 속에 머물게 하는 근원적인 힘입니다.

지금 이 자리에서의 회심(回心). 지금 이 자리의 강한 원(願)이 우리 인생의 모든 부분에 작용하여 업과 습을 뛰어넘고 나를 탈바꿈 시킨다는 것을 꼭 기억하시고, 기도의 원을 잘 세워 능히 소원을 성취하고 무한행복이 가득한 향상의 길로 나아가시기를 머리 숙여 축원드립니다.

8
불보살님의 기도가피

78 세 종류의 가피

문 누구든 기도를 맹목적으로 하는 이는 없습니다. 마음속에 소원이 있기 때문에 기도를 하는 것이고, 기도를 하는 이상 불보살님의 가피를 입어 소원을 성취하였으면 합니다. 과연 불보살님의 가피는 어떤 식으로 나타나게 됩니까?

답 부처님께서 이 세상에 출현한 이래 사람들이 기도를 하여 가피를 입은 수많은 사례들을 종합 분류하면 크게 세 종류로 나눌 수 있습니다.

① 현실에서 바로 불보살님의 가피를 얻어 소원을 성취하는 현증가피(顯證加被)
② 꿈을 통하여 소원이 이루어질 것을 예시하는 몽중가피(夢中加被)
③ 언제나 은근하게 보호를 받는 명훈가피(冥熏加被)

이들 세 종류의 가피 중, 다급한 일을 당한 사람이 기도를 할 때는 현증가피 또는 몽중가피를 입는 경우가 많고, 평소의 안락과 행복을 원하는 사람은 명훈가피를 입어 평안한 삶을 영위하는 경우가 많습니다.

79 현증가피란

❓ 이들 3종가피의 하나하나를 알고 싶습니다. 현증가피부터 설명해 주십시오.

❕ 현증가피는 지금 눈앞의 이 자리에서 불보살님의 가피를 입어 소원성취를 하기 때문에 현전가피(現前加被)라고도 칭합니다. 이 가피는 다시 두 가지로 나눠지는데, 하나는 불보살님께서 실제로 모습을 나타내는 경우이고, 또 하나는 불보살님은 나타나지 않지만 문제되었던 일들이 곧바로 해결되는 경우입니다.

80 가끔씩 불보살님이 친히 나타난다

❓ 불보살님께서 실제로도 나타나는 현증가피의 예를 일러주시겠습니까?

❕ 신라의 자장율사가 중국 오대산에서 문수보살의 화신을 친견한 일, 신라 경덕왕 때의 고승인 진표율사가 지극정성으로 참회하였을 때 미륵보살과 지장보살이 직접

모습을 나타내어 계법(戒法)을 전하고 수기를 준 것 등 그 예는 생각보다 많습니다.

　만약 수행하는 이들이 불보살님의 현중가피를 입게 되면 단순한 소원성취가 아니라 능히 깨달음의 문이 열리는 초견성(初見性)의 경지에 이르게 된다고 합니다. 그래서 수행하는 스님들 중에는 불보살님의 친견을 목표로 삼는 기도를 많이 행하는 분들이 적지 않았습니다.

　하지만 꼭 수행이나 깨달음과 관련되어야만 불보살님이 현현하는 것은 아닙니다. 때로는 고난을 해결해주기 위해 현중가피를 보이기도 하는데, 익히 알려진 세조대왕 이야기를 예로 들겠습니다.

　유혈 싸움 끝에 왕위에 올랐고, 마침내는 영월로 내쫓았던 어린 조카 단종을 죽인 조선왕조 제7대 임금 세조는 전신에 종기가 생기고 고름이 나는 견디기 어려운 괴질(怪疾)에 걸려 시달렸습니다. 신비한 영약들을 모두 동원하여 치료를 하였지만 효험이 없게 되자, 부처님의 가피로 병을 고치기 위해 전국의 영험 있는 기도처를 찾았습니다.

여러 절을 거쳐 오대산 월정사에서 참배를 올리고 상원사 가까이에 이르렀을 즈음, 세조는 맑고 시원해 보이는 물속으로 뛰어들어 목욕을 했으면 하는 충동을 느꼈습니다. 자기의 온몸에 돋아난 흉한 종기를 보이지 않기 위해 시종들을 멀리 물리친 세조는 혼자 계곡물에 몸을 담그고 목욕을 했습니다.

그때 동자 하나가 숲속에서 걸어 나왔습니다. 누군가가 등을 시원하게 밀어 주었으면 싶었던 세조는 동자를 불러 등을 밀어줄 것을 청하였고, 목욕을 마친 세자는 다시 동자에게 당부했습니다.

"동자야, 그 누구에게도 임금의 옥체를 씻어주었다고 말하지 말라."

동자는 살짝 미소를 지으며 그 말을 받았습니다.

"임금도 어디 가서 문수보살이 몸을 씻어주더라는 말을 하지 말라."

말을 마친 동자는 홀연히 사라져 버렸고, 세조는 자신의 몸에 난 종기들이 흔적도 없이 사라졌다는 것을 발견할 수 있었습니다.

'아, 거룩하신 문수대성(文殊大聖)께서 진신(眞身)을 나타내어 이 불치의 병을 낫게 해 주시다니!'

크게 감격한 세조는 그때 현전했던 문수동자의 모습대로 불상을 조성하여 상원사에 봉안하였습니다.

§

이 세조대왕 이야기처럼 인연만 닿으면 일상에서도 불보살님께서 친히 현현하여 중생의 고난을 해소시켜 주고 향상된 삶을 제시해주는 경우가 허다합니다.

81 현실 속의 현증가피들

⊙ 문 불보살님이 실제로 모습을 나타내는 현증가피는 잘 알겠습니다. 그럼 불보살님이 나타나지 않는 현증가피는 어떤 경우를 말하는 것인지요?

⊙ 답 진퇴양난의 어려움에 처하여 열심히 기도하였더니 느닷없이 좋은 일이 찾아들어 문제를 해결하게 되는 경우입니다. 비록 불보살님께서 모습을 나타내지는 않지만 현실에서 바로 자비를 나타내어 가피력을 증명해 보이는 것입니다.

열심히 열심히 기도를 하였더니 도산 직전의 사업이 되살아 났다거나, 도저히 갚을 수 없을 것 같았던 빚이 탕감되거나 갚을 길이 생긴다거나, 거의 헤어지기 직전까지 간 부부가 한순간에 마음을 풀고 재결합을 한다거나, 구제불능처럼 느껴졌던 남편·아내·자식 등의 나쁜 버릇이 고쳐진다거나, 불가능할 줄 알았던 실력 이상의 대학이나 직장에 들어가는 등의 경우가 모두 현증가피의 예입니다.

만약 꼭 넘어서야 할 고비에 처하였거나 다급한 일이 있다면 용맹스런 기도를 하십시오. 간절한 기도, 나를 잊는 기도, 믿음 깊은 기도로써 불보살님의 품안으로 뛰어 들어가면 틀림없이 지금 이 현실 속에서 현증가피를 이룰 수 있습니다.

82 꿈을 통한 기도가피

문 이제 꿈속의 가피로 기도성취를 이루는 몽중가피(夢中加被)에 대해 일러주십시오.

㉠ 꿈은 우리 마음의 그림자요 생활의 그림자입니다. 그러므로 불보살님께 지극한 마음으로 소원을 빌면, 깨어있을 때 지녔던 마음이 그대로 연장되어 꿈속에 불보살님이 나타나 소원을 성취시켜 줍니다. 이것이 몽중가피입니다.

예를 들어, 어떤 이가 간절한 소원을 품고 기도하다가 비몽사몽간에 누군가로부터 편지 또는 문서 한 장을 받거나, 수술을 받거나 몸을 씻어주거나 약을 얻어먹거나 차를 받아 마시거나 열쇠를 받는 등의 꿈을 꾸게 됩니다. 또 때로는 대소변을 배설하는 꿈도 꿉니다. 이와 같은 꿈을 꾸고 나면 자기의 소망이 그대로 성취되는데, 이를 일러 불보살님의 몽중가피라고 합니다.

곧 꿈속에서 받는 편지는 합격 통지서요 문서는 재물이며, 수술을 받거나 약을 얻어먹거나 차를 한 잔 받아 마시면 불치병이나 난치병이 낫고 몸이 좋아진다는 징조입니다. 또 꿈속의 열쇠는 어려운 일의 해결을 뜻하거나 필요한 돈이 들어온다는 예시이며, 대소변의 배설은 업장소멸을 뜻합니다.

이때 꿈속에서 모습을 나타내는 분으로는 불단 위에 앉아 계시던 부처님이나 보살님, 신장·나한·의사·스님·여인·동자·노인·부모·동물 등 매우 다양합니다.

83 기도가 간절하면 몽중가피가

❓ 불가에 전해지는 기도영험담 중에는 몽중가피 영험담이 가장 많이 있다고 합니다. 한 가지만 들려주시겠습니까?

❗ 조선후기의 고승인 남호(南湖)율사께서 소년시절에 경험했던 영험담입니다.

❀

 1831년의 추운 겨울날, 강원도 철원군에 있는 지장기도도량 보개산 석대암(石臺庵)으로 한 떼거리의 문둥이들이 찾아와 먹을 것을 청했습니다. 그 무리 속에는 벌벌 떨고 있는 10세 가량의 소년도 끼어 있었는데, 주지스님의 눈에는 그 소년이 유난히 불쌍하게 보였습니다. 스님은 따뜻한 밥을 지어 그들을 대접한 다음 문둥이 왕초에게 청했습니다.

"저 아이는 병이 깊은 듯 몹시 떨고 있구려. 웬만하면 여기 두고 가시오. 이 겨울 한철은 내가 돌보아 줄테니."

문둥이 일행이 떠난 뒤 스님은 소년으로부터, 고향이 전라도 고부요 이름은 정영기(鄭永奇)이며, 부모님이 일찍 돌아가셔서 시집간 누나 집에서 살았는데 문둥병에 걸려 쫓겨났다는 이야기를 들었습니다.

주지스님은 '문둥병만 나을 수 있다면 불구덩이 속에 뛰어드는 것도 마다하지 않겠다'고 하는 영기에게 방을 하나 내주고는, 간절히 '지장보살'을 부르면서 속으로 '병이 낫도록 해 주십시오' 하며 기원하도록 가르쳤습니다.

영기는 밤낮을 가리지 않고 지장보살을 불렀습니다. 잠자는 시간 외에는 밥 먹을 때도 해우소에서도 지장보살께 매달려 문둥병 완쾌를 빌었던 것입니다. 이렇게 기도하기를 50여일, 꿈에 노인 한 분이 나타나 머리를 쓰다듬으며 말했습니다.

"불쌍한 것. 전생 죄업 때문에 피고름을 흘리는 고통을 받다니! 네가 나를 그토록 간절히 찾으니 어찌 무심할 수 있겠느냐?"

노스님은 부드러운 손으로 고름이 줄줄 흐르는 영기의

몸을 차례로 어루만지기 시작했습니다. 머리·눈·귀·코·입, 가슴·등·배, 어깨·팔·다리 등을 차례로 어루만지자, 피부가 보통사람과 같이 바뀌면서 몸이 날아갈 듯 가벼워지는 것이었습니다.

"이제 병이 모두 나았으니 너는 스님이 되도록 하여라. 틀림없이 고승이 될 것이다. 잘 명심하여라. 나는 이만 물러간다."

순간 영기는 꿈에서 깨어났습니다. 그런데 참으로 기적이 일어나 있었습니다. 꿈에서와 같이 문둥병이 씻은 듯이 나아 있었던 것입니다. 온몸에 가득했던 곪아터진 자국은 간 곳이 없었고, 며칠이 지나자 빠졌던 눈썹도 새까맣게 다시 돋아났습니다.

이렇게 기도를 통하여 지장보살의 몽중가피를 입은 영기는 지장보살님의 지시대로 머리를 깎고 승려가 되었는데, 이 분이 바로 '동방의 율사'로 이름 높았던 남호스님입니다.

8

흔히들 영혼이 맑은 사람의 앞날은 꿈이 먼저 예시를 한다고 합니다. 기도를 하다보면 영혼이 맑아지고, 영혼이 맑아지면 꿈속에서 능히 불보살님과 만나게 되고 통하게 되는 것입니다.

하지만 몽중가피가 아무에게나 나타나는 것은 아닙니다. 정성껏 기도해야 합니다. 불보살님을 열심히 생각하고 믿음 속에서 간절히 매달려야 합니다. 그렇게 기도하면 불보살님과 하나가 되고, 하나가 되면 잠깐 사이에 몽중가피를 입게 되는 것입니다.

84 명훈가피 속에서 살아가는 불자들

문 마지막 명훈가피(冥熏加被)는 어떠한 것이며, 현증가피·몽중가피와는 뚜렷한 차이점이 있습니까?

답 아침저녁으로 외우는 예불문 끝에는 "유원 무진 삼보 대자대비 수아정례 명훈가피력(唯願 無盡三寶 大慈大悲 受我頂禮 冥熏加被力)"이라는 구절이 있습니다. 그 뜻은 "오직 원하옵건대 다함없는 삼보께서는 대자비로써 저의 정성스런 절을 받아들여 명훈가피력을 내려주옵소서." 하는 것입니다.

명훈가피력…. 우리가 접할 수 있는 기도영험담으로는 몽중가피 이야기가 가장 많지만, 실제에 있어 우리 불자들이 가장 많이 입고 있는 가피는 명훈가피입니다. 하지만 대부분의 불자들은 자신이 명훈가피 속에서 살아가고 있다는 사실을 깨닫지 못하는 경우가 많습니다. 왜냐하면 명훈가피가 말의 뜻 그대로 '은근한 가피'이기 때문입니다.

눈으로 물체를 보고 귀로 소리를 듣듯이 그 가피가 또렷이 감지되는 것이 아니라, 항상 숨 쉬는 공기를 거의 느낄 수 없는 것과 같이, 불보살님이나 삼보의 자비 속에 있으면서도 스스로가 그것을 느끼지 못하는 것이 명훈가피입니다.

현중가피와 몽중가피가 어떤 문제가 있어 기도할 때 입게 되는 가피, 곧 뚜렷한 소원이나 현재 처해 있는 고난 등과 관련이 되어 있다면, 명훈가피는 문제없는 평범한 일상 속에서 입게 되는 가피입니다.

쉽게 말해 현중가피와 몽중가피가 꼭 넘어서고 이루어야 할 소원이 있을 때 행하는 특별기도 뒤에 오는 가피라면, 명훈가피는 매일매일 행하는 평소기도를 통하여 입게 되는 가피입니다.

그래서 나는 삼종가피 중 명훈가피를 제일로 꼽습니다. 명훈가피를 입으면 시련과 고난과 비참함, 생사를 넘나드는 등의 어려움을 당하지 않고, 큰 문제없이 평화와 행복을 누리며 살 수 있기 때문입니다.

85 명훈가피를 잘 느낄 수는 없지만

문 명훈가피의 예화를 하나 들려주시겠습니까?
답 백여년 전 이야기 한 편을 소개 하겠습니다.

조선시대 말기, 효성(曉性)스님은 13세에 쌍계사로 출가하여 대웅전 노전(爐殿)스님의 상좌가 되었습니다. 그 당시에는 저녁 예불이 끝난 다음부터 새벽 예불 때까지 법당 안에 등불을 밝혔습니다. 둥근 그릇 모양의 등잔에 참기름을 가득 붓고 종이 심지를 달아 밤마다 불을 밝히면 3일은 쓸 수가 있었습니다.

어느 해 가을, 법당 청소를 하다가 등잔을 살펴본 노전스님은 참기름이 한 방울도 남아 있지 않은 것을 발견하였습니다. 어제 기름을 넣었는데 남아 있지 않은 것을 이상하게 생각하면서 노전스님은 다시 기름을 채웠습니다. 이튿날 아침에 살펴보니 또 기름이 없었습니다. 스님은 또다시 등잔에 참기름을 채웠고, 그 이튿날도 똑같은 일이 일어나자 누군가가 밤마다 등잔에 손을 댄다는 것을 확신하게 되었습니다.

그날 밤 노전스님은 13세의 효성사미를 데리고 법당의 신중단 탁자 밑으로 들어가 밤을 새웠습니다. 한밤중이 되자 법당 가운데 문 앞에 키가 9척이나 되고 검은 옷을 입었는지 검은 털이 났는지 분간이 되지 않는 괴물이 나타났습니다.

"이놈, 게 섰거라!"

고함을 치며 신중단 탁자 밑을 나간 노전스님은 그에게 물었습니다.

"너는 누구냐?"

"목신(木神)입니다."

"목신이면서 어찌 감히 부처님 전에 올리는 등잔의 기름을 훔치는 것이냐? 그 과보가 얼마나 큰 지를 모르느냐?"

"어찌 그것을 모르겠습니까? 하오나 피치 못할 사정이 있어 죄를 지을 수 밖에 없습니다. 저는 이 절 밑의 화개 마을 이판서댁 뒤 뜰에 서 있는 큰 은행나무입니다. 나의 발등이 땅 밖으로 나와 있는데, 머슴들이 제 발등에 나무를 올려 놓고 도끼질을 해서 장작을 팹니다. 하여 발등의 이곳 저곳은 온통 상처투성이가 되었습니다. 이 상처와 아픔을 달랠 약은 오직 부처님께 올리는 이 등잔의 기름 뿐입니다. 그래서 부처님께 올리는 등잔 기름을 취하게 된 것입니다."

"네가 진짜 목신이라면 인간보다는 힘이 셀 것이 아니냐? 얼마든지 보복을 할 수 있을텐데?"

"보복을 하는 것은 쉬우나, 이 댁 주인인 이판서가 아침에 일어나 세수를 하고 나면 '신묘장구대다라니'를 읽습니다. 그 힘 때문에 지기(地氣)를 비롯한 어떤 기운도 힘을 쓰지 못합니다."

"내가 가서 머슴들이 너의 발등 위에서 장작을 패는 일이 없도록 조치할 것이니, 보복할 생각을 하지 말아라."

목신은 절을 한 다음 사라졌고, 노전스님이 날이 밝기가 바쁘게 이판서를 찾아가 자초지종을 이야기하자, 이판서는 땅 위로 노출된 은행나무의 뿌리를 부드러운 흙으로 덮도록 하고, 허리 높이 정도의 울타리를 만들어 누구도 나무에 접근을 하지 못하도록 하였습니다. 그 뒤 쌍계사 대웅전의 등잔 기름은 훼손 당하는 일이 없었습니다.

§

명훈가피! 만약 이판서가 매일 신묘장구대다라니를 외우지 않았다면 틀림없이 목신은 보복을 하였을 것입니다. 하지만 꾸준히 다라니를 외워 불보살님의 명훈가피를 입었기 때문에 집안에 어떠한 불행도 찾아오지 않은 것입니다.

86 명훈가피 입기는 어렵지 않다

문 평소에 어느 정도의 기도를 하면 명훈가피를 입을 수 있습니까?

답 명훈가피는 평소에 행하는 꾸준한 기도의 결실이라 할 수 있습니다. 그렇다고 하여 피나는 기도를 하라는 것이 아닙니다. 매일 꾸준히 예불을 하고, 신묘장구대다라니나 반야심경 일곱 번 읽기, 금강경 한번 읽기, 관음경 세 번 읽기, 30분 정도의 염불이나 주력, 108배, 하루 몇 페이지씩 사경 또는 불보살님 명호 쓰기…. 이들 가운데 한 가지만이라도 매일매일 꾸준히 계속하면 명훈가피를 입을 수 있습니다.

87 적은 노력으로 명훈가피를 입는 까닭

문 어떻게 매일매일 행하는 몇 십분 안 걸리는 기도로 가피를 입을 수 있습니까?

답 그 까닭은 두 가지로 요약할 수 있습니다.

첫째는 이 법계에 불보살님의 명훈가피력이 가득 충만되어 있기 때문입니다. 이 가피를 나의 것으로 만드느냐 못 만드느냐는 오로지 '나' 하기에 달려 있습니다. 어떻게? 부처님께서 우리들에게 일러주신 기도를 행하여 불보살님과 통하는 사이클을 잘 맞추게 되면 명훈가피력이 저절로 나에게로 임하게끔 되어 있습니다.

둘째는 평소에 매일매일 하는 기도가 저금과도 같기 때문입니다. 매일매일 저금을 하면 자꾸자꾸 돈이 쌓이기 마련이요, 넉넉하게 저금이 되어 있으니 필요할 때 얼마든지 찾아 쓸 수 있습니다. 어찌 돈 때문에 어려움을 겪겠습니까?

  이 저금처럼, 매일매일 기도를 하면 복력(福力)이 가득해지고 가피력 또한 가득해집니다. 복력과 가피력이 가득한데 평온함과 행복함이 함께 하지 않겠습니까? 그러므로 특별한 일이 없는 평소에 꾸준히 기도를 하는 것이 참으로 중요합니다.

  있는 재물 다 까먹고 빚까지 진 다음에 찔끔찔끔 몇 십 분의 저금 기도를 시작한다면 돈이 모일 겨를이나 있겠습니까? 그때는 아주 특별하고 용맹스런 기도를 하여, 명훈가피가 아니라 현증가피 또는 몽중가피를 입어야 하는 것입니다.

88 매일 30분만 꾸준히 기도하면

문 삼종가피와 관련시켜 꼭 새겨야 할 것이 있으면 한 말씀해 주시겠습니까?

답 바라건대 하루 30분만이라도 평소에 기도를 하여 불보살님의 명훈가피를 입어보십시오. 재난이 저절로 피해가고, 집안의 모든 사람들이 잘 풀리게 됩니다. 또 재물복도 커지고 지위도 올라갈 뿐 아니라 명예도 크게 떨칩니다.

그리고 항상 기쁘고 편안하고 즐거움이 가득하게 되면, 얼굴 가득 미소를 머금고, 태양과 같은 마음으로 살아갈 수 있게 됩니다.

실제로 매일매일 30분정도 하는 꾸준한 기도의 결과로 평생토록 참으로 영광스럽게 산 불자들의 예는 얼마든지 있습니다.

거듭 강조하건대 불보살님의 가피를 입는 기도성취의 비결은 '정성 성(誠)', 곧 마음을 잘 모으는데 있고, 마음을 잘 모아 기도하면 삼매로 통하게 되어 있습니다. 우리가 정성을 다해 기도하여 잠깐이라도 삼매를 이루게 되면 불보살님의 가피는 저절로 찾아들게 되어 있습니다.

간곡히 부탁드리오니, 형편따라 능력따라 기도를 하십시오. 흩어진 정신에너지를 하나로 모아 불보살님과 한 몸을 이루는 기도를 하십시오.

만약 지금 고난이 닥쳐와 있다면 기도를 하십시오. 내 기도 내가 하여 반드시 내 업을 녹이겠다는 각오로 열심히 기도를 하면, 생각보다 훨씬 쉽게 현증가피나 몽중가피를 입을 수 있습니다.

그리고 현재 별 문제가 없다면 공부 삼아 수행 삼아 저금한다는 자세로 매일매일 일정시간 기도를 해보십시오. 불보살님의 은근한 가피가 우리를 늘 보호해 줄 뿐 아니라, 불성의 영원한 생명력과 무한한 능력이 개발되고, 내가 서 있는 이곳 또한 참지 않고서는 살아갈 수 없는 고난의 사바세계가 아니라 참으로 아름답고 평화로운 세계로 바뀌게 됩니다.

이는 저의 말이 아닙니다. 부처님께서 분명히 설하신 진실불허의 말씀입니다. 부디 깊은 믿음을 가지고 참된 기도를 하는 멋진 불자가 되기를 축원드립니다.

9
기도가피와 시절인연

89 정성 다해 기도하면 앞뒤가 다 열린다

🟤 **문** 앞에서 이미 많이 말씀하였지만, 다시 한번 어떠한 자세로 기도해야 기도가피를 얻을 수 있는지를 일러주시겠습니까?

🟤 **답** 거듭거듭 말씀드렸듯이, 기도가피는 정성스럽게 하는 데서 다가오게끔 되어 있습니다. 결코 잊지 마십시오. 누구라도 정성스럽게만 기도하면 가피는 언제나 나타나게 되어 있습니다. 흔들림 없는 신심으로 정성껏 기도하면 소원도 성취되고, 현재와 미래의 행복도 보장됩니다.

갖가지 얽힌 인연과 업보 때문에 고통 받는 이 사바세계에서 잘살기를 바란다면 정성껏 기도해 보십시오. 정말 잘 살 수 있게 됩니다. 바꾸어 말하면 잘 사는 것은 정성스럽게 사는 것입니다. 더욱이 정성스럽게 기도하는데 잘 살지 못할 까닭이 어디 있겠습니까?

부디 정성스럽게만 기도하십시오. 정성 다해 기도하면 앞뒤가 다 열립니다. 모든 문제가 다 해결됩니다. 정성 다해 기도하는 이에게는 길이 열리는 것이 법계의 법칙입니다.

90 마음을 하나로 모아가는 것이 정성

문 정성스런 기도라 하셨는데 구체적으로 어떤 정성을 이야기 하는 것입니까?

답 정성껏 한다는 것은 기도 중의 어려움, 게으른 생각 등과 타협하지 않고 마음을 하나로 모아간다는 것입니다. 일어나는 번뇌를 좇아가지 않고 불보살님과 한 마음이 되거나 경전의 뜻에 몰두하는 것, 한 배 한 배 속에 참회와 원을 가득 담아 절하는 것 등이 정성껏 기도하는 방법입니다.

정말 정성스럽고 간절한 마음으로 기도하십시오. 지극한 공경심으로 기도하여, '소원을 안 들어 주고는 못 배기겠다' 는 생각이 들 만큼 일념으로 정성스럽게 기도하십시오. 틀림없이 가피를 입게 됩니다.

91 정성에 정성을 더하여 기도하라

문 마음을 하나로 모으기가, 일념으로 기도하기가 어찌 쉽겠습니까?

㉠ 어렵지요. 어렵다는 것을 잘 압니다. 하지만 일념으로 기도하고자 애써야 합니다. 왜냐하면 너무나 오랫동안 번뇌망상의 파도 속에서 살아왔기 때문에 지금과 같은 고난의 업을 받고 있는 것이며, 이 고난을 벗어나고자 하면 마음을 하나로 모아 일념의 기도를 해야 합니다. 곧 마음을 하나로 모으면 번뇌망상의 업장이 녹아 고난이 사라지게 되기 때문입니다.

물론 처음부터 일념을 이룰 수 있는 사람도 흔치 않고, 기도하는 시간 내내 마음을 잘 모을 수 있는 사람도 드뭅니다. 그리고 여러 날 기도를 하다 보면 기도에 대한 회의도 일어날 수 있습니다.

하지만 이 모든 것을 극복하고 기도해야 합니다. 물러서지 말고 포기하지 말고, 스스로의 정성을 불러 일으켜 억지로라도 하십시오. 내가 나를 격려하면서 꾸준히 나아가면 능히 극복할 수 있습니다. 정성에 정성을 더하면서 꾸준히 나아가면 차츰 게으른 마음이나 힘든 상태를 넘어서면서 일념의 차원을 이루고, 불보살님의 가피와 함께하여 원을 성취하게 됩니다.

92 정성을 다한 공은 사라지지 않는다

문 만약 정성이 모자라는 기도를 하였다면 기도를 한 공(功)이 사라집니까? 원성취나 가피가 요원합니까?

답 일체의 모든 일은 모두가 인연법과 인과법에 의해 전개됩니다. 기도라고 하여 어찌 예외일 수 있겠습니까? 지극 정성은 다하지 못하였을지라도 내가 정성을 기울인 만큼의 공은 결코 사라지지 않습니다.

오히려 문제는 한 번의 기도로 원성취가 되지 않을 때 뿜어내는 우리의 태도입니다. 한 번의 기도로 원성취를 못한 것에 대해 실망하고 불신하고 등을 돌리는 자세를 가진다면 참으로 가피는 요원해집니다.

반대로 정성을 다하지는 못하였을지언정 꾸준히 기도하다 보면 어지럽던 생각들이 정리가 되고 평소에 느끼지 못하였던 것들을 느끼게 됩니다. 마음이 넉넉해지면서 너그러워지고 용서하게 되고 지혜 또한 생겨납니다.

그리고 시절인연(時節因緣)이 돌아오게 되면 기도하여 심은 씨가 결실을 맺게 됩니다. 그러므로 기도성취가 임하지 않을지라도 실망하거나 불심을 버리지 말고, 시절인연이라 생각하며 기다려야 합니다.

93 인연이 무르익으면 성취는 자연

문 시절인연(時節因緣)이라니요?

답 기도를 하다보면 가피가 빨리 찾아올 때도 있고 늦게 찾아올 때도 있습니다. 곧 인연이 무르익을 시절, 이것이 시절인연입니다.

그러나 인연이 무르익을 때까지, 시절인연 도래할 때까지 기다리기란 용이하지 않습니다. 원성취가 바쁘기 때문입니다. 그래서 답답해진 불자들은 하소연을 합니다.

"백일기도를 했는데도 소원성취는커녕 성취의 조짐도 없습니다. 기도를 하면 정말 이루어지는 것이 있습니까?"

더 급한 사람은 더 심하게 이야기합니다.

"도대체 기도를 하여 소원을 이룬 사람이 몇이나 있습니까? 그런데도 자꾸 기도만 하라고 하니…. 참으로 실망스럽습니다."

하지만 기도의 가피가 조금 늦게 찾아든다고 하여 조급증을 낼 일이 아닙니다. 스스로가 기울인 정성을 점검하면서 성취의 시절을 기다릴 줄 알아야 합니다.

이전에도 이야기하지 않았습니까? 같은 태양이 천하를 비추지만, 산봉우리에 빛이 먼저 찾아들고 골짜기에 빛이 나중에 찾아드는 것과 같이, 기도성취의 인연이 무르익으면 성취의 시절은 저절로 다가옵니다.

오히려 주의할 것은 기도에 대한 지나친 기대와 성취하고자 하는 원에 대한 애착입니다. 지나친 기대와 애착은 크나큰 착오를 불러 일으킬 수 있으며, 때로는 씻기 어려운 죄업까지 짓게 만듭니다.

94 가피도 시절인연이 있다

🙋 이해가 되게끔 예를 하나 들어주시겠습니까?

🙆 조선시대 초기, 평안북도의 묘향산 조그마한 암자 상원암에는 시운(時雲)스님과 혜성(慧成)이라는 어린 동자가 살고 있었습니다. 시운스님과 절친한 친구의 아들인 혜성의 본명은 최치록(崔致祿)으로, 갓난 아이때 부모를 모두 잃고 스님을 따라와서 이 암자에 살게 된 것입니다.

시운스님은 "내 아들을 훌륭한 사람으로 키워 달라."
는 친구의 유언대로 혜성에게 정성껏 글과 무술을 가르
쳤습니다. 그리고 혜성의 나이 스물에 이르자 혜성의 장
원급제를 위한 천일 기도를 시작하였고, 천일 기도가 끝
나는 날 혜성이를 불렀습니다.

"혜성아, 장원급제하여 백성들을 잘 보살피는 것도 부
처님과 나의 은혜에 보답하는 일이다. 이제 때가 되었으
니 속세로 내려가 과거를 보도록 하여라."

스님의 명을 거역하지 못해 큰절을 올리고 떠나가는
혜성의 뒷모습을 보며 시운스님은 계속 축원했습니다.

"부처님이시여, 부디 혜성이 입신양명할 수 있도록 은
덕을 베풀어 주옵소서."

어느덧 해가 바뀌어 화창한 봄날이 돌아오자, 시운스
님은 묘향산 밑의 안주(安州)로 내려가 탁발을 했습니다.
이 집 저 집을 돌면서 적지 않은 공양미를 시주받은 스님
은 몇 가지 물건을 사기 위해 장으로 향하였고, 스님이
막 장터로 들어섰을 때 젊은 거지 하나가 장삼자락을 잡
고 애처롭게 말했습니다.

"한 푼만 보태 주십시오. 며칠을 굶었습니다."

시운스님은 엽전 몇 닢을 꺼내어 가엾은 거지의 손에

쥐어 주다가, 문득 거지의 얼굴을 보게 되었습니다.

"아니, 너는 혜성이 아니냐?"

"앗, 스님!"

"그렇게도 오랫동안 부처님께 빌었건만, 장원급제는 고사하고 거지 신세란 말이냐? 천일기도의 결과가 고작 이것이라니!"

시운스님은 온몸의 피가 거꾸로 치솟는 것 같았습니다. 이유가 어찌 되었건, 기구한 운명과 처참한 현실에 대한 저주와 분노가 부처님에 대한 증오로 바뀌었습니다. 몸을 돌려 백여 리나 되는 험한 산길을 한달음에 달려 상원암으로 올라온 스님은 칼을 집어 법당으로 향했습니다.

"이 허수아비 부처야! 그렇게도 사람을 속일 수 있단 말이냐? 에잇!"

스님의 손에 들린 칼은 쇠로 만든 부처님의 복부로 향했습니다. 칼은 부처님의 배에 깊이 꽂혔고, 실성한 듯 시운스님은 절을 뛰쳐나왔습니다. 그리고 정처없이 떠돌며 먹고 싶은 대로 먹고, 하고 싶은 대로 하면서 저주의 나날을 보냈습니다. 그러다가 어언 3년의 세월이 흘렀고, 시운스님의 발걸음은 묘향산 아래에 이르렀습니다.

'상원암은 어떻게 변하였을까? 아, 부처님의 배에 꽂은 칼은 어떻게 되었는지….'

스님의 발길은 저절로 상원암으로 향했습니다. 마침내 잡초가 무성하게 자란 암자에 도착하여 법당 문을 열자, 배에 칼을 꽂은 부처님이 여전히 미소 띤 얼굴로 맞이하는 것이었습니다. 깊이 죄의식을 느낀 시운스님은 먼저 부처님의 배에 꽂힌 칼을 뽑아 드리려 하였습니다. 그러나 그토록 쉽게 들어갔던 칼이 아무리 힘을 써도 뽑히지 않는 것이었습니다.

결국은 포기하고 법당 앞뜰에 앉아 옛일을 생각하고 있는데, 문득 산 아래에서 요란한 풍악소리가 들려왔습니다. 귀를 의심하여 아래로 내려다 보았더니, 여러 관속과 하인들을 거느린 행렬이 암자를 향해 올라오는 것이었습니다. 얼마 지나지 않아 절 마당이 요란해지더니 젊은 관리 하나가 소리쳤습니다.

"안주 목사 행차시오."

할 수 없이 시운스님은 목사의 행차를 맞이하였습니다. 그런데 가마에서 내린 안주 목사가 스님을 향해 큰절을 올리는 것이었습니다.

"스님, 안주 목사 혜성 최치록이옵니다. 그동안 얼마나 고생이 많으셨습니까?"

"오, 혜성아! 네가 틀림없는 혜성이렷다?"

스님과 안주 목사가 된 혜성은 서로 부둥켜 안고 감회의 눈물을 흘렸습니다. 곧이어 혜성은 암자를 떠난 직후 몹쓸 돌림병에 걸려 고생을 하였고, 그후 구걸하면서 연명하다가 시장에서 스님을 만났다는 것, 그리고 스님을 만난 다음 마음을 다잡아 과거에 급제하고 안주 목사에 제수되어 가장 먼저 스님을 찾아오게 되었다는 이야기를 들려주었습니다.

잠시 후 혜성은 스님을 모시고 법당으로 들어갔습니다. 그리고 합장 배례한 후, 부처님께로 다가가 배에 꽂힌 칼을 한 손으로 쉽게 뽑아 버리는 것이었습니다.

"스님, 당돌한 소행을 용서하옵소서. 실은 어젯밤 꿈에 백발 노인이 나타나 '칼을 뽑아라' 고 하셨습니다."

그리고는 뽑은 칼을 시운스님께 건네 주는데, 그 칼에는 뚜렷이 네 글자가 새겨져 있었습니다.

"시운속죄(時雲贖罪)."

시운스님은 자신의 죄를 깊이 뉘우치고, 단식을 하면서 행하는 참회좌선(懺悔坐禪)을 시작했습니다. 부처님 앞에 찔렀던 칼을 놓고 깊이 깊이 참회하였던 것입니다.

마침내 21일이 지나자 칼에 새겨졌던 '시운속죄'라는 글씨가 씻은 듯이 사라졌습니다. 그때가 1459년(세조 5) 8월이었습니다.

95 업을 한꺼번에 녹인 기도가피

❓ 참으로 기도의 시절인연을 잘 알 수 있게 하는 가슴이 뭉클해지는 이야기입니다. 이 이야기 속에 담겨 있는 교훈을 조금 더 풀이해주시겠습니까?

❗ 언뜻 보면 시운스님의 천일기도 가피가 완전히 옆길로 빠진 듯이 느껴질 수도 있습니다. 그러나 이야기 속의 내용을 들여다 보면 전혀 다릅니다. 참으로 혜성은 정성을 다한 시운스님의 기도로 인해 더할 수 없는 가피를 입었던 것입니다.

돌림병에 걸려 죽을 고생을 다한 혜성. 굶주림에 시달리며 구걸해야 했던 거지 혜성, 사람들은 부처님의 가피가 미치지 않아 혜성이 그와 같은 시련을 겪게 되었다고 생각할 것입니다. 하지만 아닙니다. 오히려 그 반대입니다.

 언젠가 혜성은 불치의 돌림병으로 신음하고 거지가 되어야 할 운명에 놓여 있었습니다. 그러한 업보를 반드시 받아 녹여야만 했습니다. 만약 혜성이 한 생(生)씩 한 생씩 그와 같은 업보를 받아 녹였다면, 과연 입신양명은 몇 생 뒤에나 기약할 수 있었겠습니까?

 혜성은 몇 생 동안 받아야 할 고통스런 업을 3년만에 모두 받았습니다. 시운스님의 지극한 기도 덕분에 부처님의 가피를 입어 업을 한꺼번에 녹였습니다. 그리고 마침내는 천일기도의 시절인연이 도래하여 장원급제를 함으로써 시운스님의 기도 발원이 성취된 것입니다. 더욱이 부처님께서는 배에 칼을 꽂은 시운스님의 참회까지 받아 들였으니….

 어떤 사람들은 이러한 과보조차 없으면 더 좋겠다고 할지 모릅니다. 물론 없을 수도 있습니다. 적어도 지금 살고 있는 생애에서는 피해 갈 수 있습니다. 그러나 좋은 것만 바라고 기도를 하면 좋은 결과가 결코 쉽게 돌아오지 않습니다.

 오히려 '기꺼이 받겠다'는 자세로 기도하면 오랜 기간 동안 받아야 할 업을 살짝 받고 넘어갈 수 있고, 결과도 훨씬 훌륭하게 다가옵니다. 이 원리를 깊이 새기고 기도하시기 바랍니다.

96 시절인연 따라 원성취는 꼭 찾아든다

문 다시 한번 확신을 주십시오. 원을 세워 기도를 잘하면 언젠가는 반드시 성취됩니까?

답 원이라는 씨를 심고 정성스런 기도로써 잘 가꾸고 기르지 않았습니까? 어찌 결실이 없겠습니까? 다만 시절인연이 일찍 도래하고 늦게 도래할 뿐, 반드시 결실이 있기 마련입니다. 만약 금생에 결실을 거둘 인연이 못되면 내생에라도 꼭 원성취를 하게끔 되어 있습니다.

이에 대해서는 이론적인 설명보다 실제 있었던 영험담이 더 믿음을 줄 것입니다. 저는 경봉노스님께 이 영험담을 들었는데, 경봉스님께서는 젊은 시절에 영험담 속의 주인공인 용악스님을 몇 달 동안 모신 인연이 있었다고 합니다.

❀

　조선시대 말, 함경남도 안변 석왕사에 머물렀던 용악(聳岳,1830~1908)스님은 꿈을 꾸었습니다. 스님이 오산 수암사라는 절에 가서 음식을 대접 받고 차를 세 잔 받는 꿈이었습니다. 절의 전경까지 너무나 생생하여 기록해 두었는데, 해마다 그날이 되면 같은 절에 가서 차담을 대접받는 꿈을 꾸었습니다.

　'오산 수암사는 어디 있는 절이며, 왜 이러한 꿈을 자꾸 꾸는 걸까?'

　매우 궁금하게 여기던 차에 석왕사로 수암사 승려가 찾아왔고, 용악스님은 반가이 맞이하며 물었습니다.

　"스님, 수암사에는 물이 나무 홈대를 통하여 부엌에까지 들어가고, 돌로 만든 수곽이 있습니까? 그리고 절이 이러이러하게 생겼는데 맞습니까?"

　"그렇습니다만, 스님께서는 함경북도 멀리에 있는 수암사에 와 보셨나 보지요?"

　"그럼 모월 모일은 무슨 행사가 있는 날입니까?"

　"그날은 우리 수암사의 중창주 되시는 스님의 제삿날입니다."

　자신이 오산 수암사의 중창주로 있다가 다시 태어나

석왕사의 승려가 되었고, 꿈에서 매년 제사상을 받아 먹고 있었음을 알게 되었습니다.

"그 중창주 스님의 평소 원하시던 바는 무엇이었습니까?"

"늘그막에 스님께서는 해인사의 고려대장경을 모두 찍어 모셔놓고, 그 경들을 보기를 원했습니다."

"내 평소에 해인사 대장경을 인출(印出)해서 모셔놓고 읽는 것이 소원이었는데, 지금 그 말씀을 듣고 보니 전생부터의 원력이었습니다그려."

용악스님은 불꽃과도 같은 것이 가슴으로 뜨겁게 벅차오르는 것을 느끼면서, '전생에 못 이룬 원을 금생에는 기어코 이루리라' 다짐하였습니다. 그리고 1897년 통도사 적멸보궁에서 백일기도를 시작했습니다.

엄청난 경비가 소요되는 대장경인출불사를 몇 몇 사람의 힘으로나 당시 불교계의 재력으로는 이루기가 불가능하였기 때문에, 부처님의 위대한 가피력으로 이 소원을 성취시켜 달라고 기도한 것입니다.

그런데 기도 도중에 자장암의 금개구리가 법당 탁자 위의 뜨거운 불기(佛器) 위에 붙어 있는 상서를 종종 보이곤 하였습니다. 스님은 신령스런 금개구리가 불기에 붙어 있는 것을 보면서, 이번 기도가 틀림없이 성취될 것임을 확신하였습니다.

　이듬해인 1898년, 스님은 해인사 장경각 뜰의 금잔디 밭에서 또 백일기도를 했습니다. 70일쯤 지났을 때 두 마리의 큰 뱀이 나타나 또아리를 틀고 있는 것을 보고 스님은 문득 생각했습니다.

　'화엄호법성중(華嚴護法聖衆) 속의 복행신장(腹行神將)은 뱀의 몸을 나툰다고 하였다. 내가 오늘 복행신장을 만났구나.'

　그리고는 합장하고 속으로 축원했습니다.

　"저의 이 기도에 왕림하신 화엄복행신장이시여, 대장경을 인출하려는 저의 원을 꼭 이루어주십시오."

　그러자 뱀이 장경각 둘레를 돌기 시작하였고, 용악스님도 그 뒤를 따르면서 계속 축원하였는데, 어느 순간 뱀들이 화엄경판 곁으로 가더니 문득 사라져버렸습니다. 이에 스님은 복행신장이 온 것으로 확신하고 더욱 열심히 기도했습니다.

　마침내 백일기도를 회향한 스님은 당시 해인사 화주승(化主僧)이었던 범운(梵雲)스님에게 당부했습니다.

　"머지않아 나라에서 장경불사(藏經佛事)를 명할 것이

니, 권선책(勸善册) 한 권을 미리 만들어 놓으시오."

과연 1899년 5월에 나라에서 뜻밖의 통보가 전달되었습니다. 장경불사를 할터이니 권선화주책을 가지고 올라오라는 것이었습니다. 범운스님이 화주책을 가지고 올라가자, 나라의 재정을 관장하는 탁지부에서 6만냥, 경운궁에서 1천5백냥, 의정부에서 7천5백냥, 경남관찰사가 5백냥, 통도사에서 5천냥을 보시하여, 총 7만4천5백냥으로 장경불사를 무사히 마쳤습니다.

이때 대장경을 4부 인출하였는데, 3부는 불법승 삼보사찰인 통도사·해인사·송광사에 각 1부씩 봉안하였고, 나머지 1부는 전국 유명한 사찰에 나누어 모시게 하였습니다.

용악스님은 통도사 장경각 옆에 방 하나를 마련하여 기거하면서, 입적하실 그날까지 10년을 하루같이 이 대장경을 열람하셨습니다. 그리고 입적하기 3년 전에, "나도 부처님처럼 79세 되는 2월 보름날 가겠다."고 하셨습니다. 그날이 되자 스님은 아침식사 후 각 법당을 차례로 참배하였고, 밤이 되자 앉아 입적하셨는데, 기이한 향기가 방에 가득 넘쳤다고 합니다.

97 조급증 내지 말고 정성껏 기도하자

㉄ 전생에 품은 원이 현생으로 자연스럽게 이어졌군요. 그리고 용악스님께서는 참으로 어려운 대장경인출불사를 하여 대장경을 늘 열람하셨을 뿐 아니라, 죽음을 마음대로 하는 생사자재(生死自在)까지 성취하셨군요. 참으로 기도의 힘이 크다는 것이 느껴집니다.

㉅ 그렇습니다. 기도의 힘은 무섭습니다. 원을 잘 세우고 정성껏 기도하면 반드시 가피를 입어 원을 성취하게 됩니다. 시절인연이 도래하면 틀림없이 가피를 입고 결실을 맺을 수 있으니, 조급증을 내지 말고 정성껏 기도하시기 바랍니다.

98 가피를 입은 다음에는

㉄ 이번 질문은 불보살님의 가피를 입은 다음에 관한 것입니다. 기도가피를 입은 다음에는 어떻게 살아야 합니까?

㉅ 불보살께서 가피를 내리는 것은, '내가 있으니 앞으

로도 나만 받들며 기도해라. 그리하여 내 가피만을 받으며 살아라'는 것이 아니라, '앞으로도 계속 가피를 받으며 사는 사람이 아니라, 가피를 줄 수 있는 사람이 되어 살아라'는 불보살의 깨우침입니다. 곧, "네 스스로 보살이 되고 부처가 되라"는 것입니다.

이것이 우리 불교와 다른 종교의 차이점입니다.

그런데 우리 불자들 중에는 가피만을 좇으며 살아가는 이들이 있습니다. 관세음보살을 좇았다가 지장보살을 좇았다가 약사여래를 좇았다가…. 심지어는 종교까지 바꾸면서 축복과 가피를 구하기만 하는 이들이 있습니다.

이 얼마나 이기적인 구복신앙입니까? 하지만 끊임없는 복과 가피만을 구하는 이기적인 기도의 결과는 그다지 좋지 않습니다. 그럼 어떻게 바뀌어야 하는가?

가피를 주고자 하는 보살로 바뀌어야 합니다. 관음의 가피를 입었으면 관음보살의 화신이 되고, 지장의 가피를 입었으면 지장보살의 화신이 되어, 넓고 깊은 자비심으로 주변의 사람을 살려가야 합니다. 동시에 매달리기만 하는 기도가 아니라 향상의 기도, 수행의 기도를 하며 살아야 합니다.

이것을 명심한다면 참으로 멋진 불자, 진정한 보살불

자가 되어 부처님의 경지를 향해 나아갈 수 있을 것입니다.

99 기도는 복을 짓는 가장 좋은 방법

㉎ 모든 사람들이 바라는 행복과 관련지어 기도하는 불자들에게 꼭 들려주고 싶은 말씀은 없으신지요?

㉠ 원을 세우지 아니한 사람은 부처님도 어떻게 도와주지를 못 합니다. 꼭 이루어질 수 있는 행복의 원을 품고 기도하며 살아가십시오.

우리는 하루하루 복을 지으며 살아야 합니다. 가진 복을 감하며 살아서는 안 됩니다. 그럼 복을 짓는 가장 효과적인 방법이 무엇일까요? 기도입니다.

기도를 하면 우선 불보살님의 복이 나와 함께하고, 기도를 하면 우리를 향상시키는 많은 깨달음이 스스로 다가옵니다. 그리하여 마음이 맑아지면, 그 맑아진 마음 그릇에 복이 가득 담기게 되는 것입니다. 어찌 이 좋은 기도를 하지 않을 것입니까?

그리고 어떤 기도를 하든 회향 때까지 기도를 잘 하려면 가능한 같은 장소에서 시작할 때 정한 시간과 분량을 지키고자 노력해야 합니다. 갑자기 욕심이 나고 말뚝 신심이 난다고 하여 분량을 늘리거나, 몸과 마음이 피곤하고 특별한 일이 있다는 핑계로 기도 시간을 줄이는 등의 변화를 주는 것은 좋지 않습니다.

스스로가 정해 놓은 분량을 지속적으로 하는 것이 중요하며, 이것이 '정성 성(誠)'의 기본입니다. 꼭 기억하십시오.

久久必有入處 구구필유입처

오래오래 하다보면 반드시 들어가게 되나니….

10
하심과 기도성취

100 빠른 성취를 원하면 하심하라

문 기도성취를 빨리 하고 싶습니다. 기도성취를 빨리 할 수 있는 좋은 방법이 있을까요?

답 빨리 성취하겠다는 그 마음이 바로 욕심이지 않습니까? 그 욕심 때문에 오히려 기도성취를 늦추게 할 수도 있습니다. 그러나 굳이 이야기하라면 한 가지 방법이 있기는 합니다. 그 방법이 무엇인가?

바로 하심(下心)입니다. '나'를, 내 마음을 완전히 낮추는 것입니다.

기도는 그냥 하는 것이 아닙니다. 문제가 있어 기도를 하고, 문제를 해결해 달라며 기도하는 것입니다. 곧 다가왔거나 다가올 화(禍)를 물리치고 행복을 얻고자 기도하는 것입니다.

세상은 화와 복(福)의 구조로 존립하고 있으며, 사람들은 그 화를 극복하기 위해 기도를 합니다. 몸에 병이 있으니 건강한 몸이 되게 해달라며 기도하고, 사업이 잘되지 않으니 잘되게 해 달라며 기도하고, 돈이 없어서 살기가 어려우니 돈이 생겨나기를 바라며 기도하고, 사람 때문에 아픔을 겪거나 시련을 당하고 있으니 시련 없이 화

목하고 평화롭고 잘 살 수 있게 해달라며 기도합니다. 곧 불행과 화와 재앙은 안개 걷히듯 사라지고 행복이 충만된 삶을 살 수 있게 해 달라며 기도하는 것입니다.

그런데 행복해지려면 욕심에 찬 기도로는 해결이 되지 않습니다. 욕심보다는 행복을 부르는 마음가짐부터 갖추어야 합니다. 마음가짐을 잘 갖추어야 기도를 잘 할 수 있고, 소원성취를 빨리 할 수 있습니다.

그 마음가짐이 무엇인가? 바로 하심입니다.

101 하심은 자존심·이기심 내려놓기

문 어렴풋이는 하심(下心)이 무엇인지를 알겠는데 정확히는 모르겠습니다. 하심의 정의부터 내려 주시지요.

답 문자 그대로 나의 마음을 내려놓아 가장 아래쪽에 두는 것이 하심입니다. 내 마음을 낮추어 남을 공경하고, 뜻을 겸손히 가져 화합하는 삶을 이루는 것이 하심입니다.

이 하심의 반대는 자존심이고 자만심이고 이기심이며,

이러한 자존심과 이기심을 버리고 사는 것이 하심의 삶입니다.

102 하심의 기도로 안 풀리는 일은 없다

문 하심을 이루는 가장 요긴한 방법은 무엇입니까?

답 한마디로 말하면 자존심·자만심·이기심과 통하는 '아상(我相)'을 끊는 것입니다.

아상의 산(山)! 남을 업신여기고 깔아뭉개면서 끝없이 높아만 가는 아상의 산. 자꾸자꾸 높아져 결국에는 무성한 숲을 이루고야마는 아상의 산. 이 아상의 산을 깎아내리는 작업이 하심을 성취시키는 가장 좋은 실천방법입니다.

아상은 이해하기 어려운 것이 아닙니다. '나는 똑똑하다. 나는 잘났다. 나는 많이 안다. 나는 부자이다. 나는 높은 지위에 있다. 나는 너보다 낫다'고 하는 일상의 생각들이 바로 아상입니다. 곧 너에 대한 나의 상대적인 우월감이 아상인 것입니다.

따라서 아상의 산을 무너뜨리는 방법은 간단합니다. 나의 고개를 숙이는 것입니다. 나의 마음을 낮추는 것입니다.

"저는 부족한 존재입니다. 제가 잘못했으니 용서해 주십시오. 마음을 낮추어 잘 배우겠습니다."

이렇게 하면 아상은 스르르 무너지고 하심은 저절로 이루어집니다. 하지만 삼척동자도 쉽게 할 수 있을 것 같은 이 말을 '나'의 입으로 하기는 쉽지가 않습니다. 보통 사람이면 고개를 숙이는 것 자체만으로도 자존심이 상하기 때문입니다.

정녕 하심만 되면 행복의 문이 열립니까? 야운스님께서는 『자경문自警文』을 통하여 설하였습니다.

  人我山崩處 인아산붕처
  無爲道自成 무위도자성
  凡有下心者 범유하심자
  萬福自歸依 만복자귀의

나다 너다 하는 상이 무너지면
위없는 도가 저절로 이루어지며
무릇 하심을 잘 하는 사람에게는

온갖 복이 저절로 돌아오느니라

나를 높이는 아상을 버리고 하심을 할 수 있는 사람이면 진실로 남을 위하는 마음을 낼 수 있게 되고, 남을 위해 참된 봉사를 하면 내 마음은 저절로 편안해지며, 내 마음이 편안해지면 나를 대하는 모든 사람의 마음도 편안해집니다. 이렇게 하여 일체 사람을 편안한 세계로 인도하면 대복전(大福田), 곧 큰 복밭을 만들 수 있게 되는 것입니다.

잊지 마십시오. 해탈과 행복의 비결은 바로 이 하심에 있습니다. 그런데 아상을 자꾸 길러 괴로운 세계로 빠져든다면 언제 참된 행복과 평화를 얻을 수 있겠습니까?

무슨 일이 안 될 때는 조건 없이 하심하십시오. 특히 기도하는 이에게는 하심이 중요합니다. 하심을 하면서 기도하십시오. 그러면 안 풀리는 일이 없습니다. 반대로 자존심을 세우고 아상이 가득한 상태로 기도를 하면 복덕의 문이 쉽사리 열리지가 않습니다.

물은 높은 데서 아래로 흘러갑니다. 곡식은 익을수록 고개를 숙입니다. '나는 잘났고, 너는 별것 아니다'고 하는 상(相)이 무너질 때 기도의 소원은 저절로 성취되며,

아상을 다스리는 하심을 할 때 만 가지 복은 스스로 찾아 들게 되는 것입니다.

103 소동파의 하심과 오도

🌸 아상을 꺾고 하심을 하는 것과 관련하여 새겨둘만한 이야기는 없는지요? 한 편 들려주십시오.

🌸 당송팔대문장가(唐宋八代文章家)의 한 사람인 소동파의 이야기입니다.

❀

소동파(蘇東坡)는 불법도 깊이 통달하였던 분입니다. 그러나 처음부터 불교에 대한 신심이 깊었던 것은 아닙니다. 오히려 한없이 교만무례한 분이었습니다.

그가 형남의 관리로 있을 때, 부근의 옥천사에 승호(承皓)선사라는 큰스님이 계신다는 소문을 듣고 논쟁을 벌이기 위해 변복을 하고 찾아갔습니다. 승호선사는 그를 대하자 물었습니다.

"성씨가 어떻게 되십니까?"

"나의 성은 칭(秤)가요."

"칭가라니요?"

"천하 선지식의 무게를 달아보는 저울이란 뜻이지요."

소동파의 안하무인격인 답이 떨어지기 무섭게 승호선사는 크게 '할(喝)'을 했습니다. 그리고 물었습니다.

"칭가여, 이 소리는 몇 근이나 되는가?"

이 질문에 응답을 못한 소동파는 풀이 완전히 죽었습니다. 그리고 자신의 아만과 교만에 대해 깊이 반성을 했습니다. 이후 소동파는 큰스님들을 찾아가 머리를 조아려 친견하고 법문을 청했습니다. 그리고 노산 귀종사의 불인(佛印)선사를 친견하고는 간절히 가르침을 구했습니다.

"자비를 베푸시어 이 미혹한 놈의 마음을 깨우쳐 주십시오."

"하심하라. 그리고 모든 생각을 쉬고 또 쉴지니라."

불인선사의 이 한마디에 소동파는 크게 느꼈습니다.

'공부는 나처럼 많이 아는 데서 이루어지는 것이 아니다. 자만심에 빠져 있는 동안에는 아무것도 얻을 수 없다. 나라는 생각을 쉬고, 하심을 해야 한다.'

그날부터 소동파는 하심을 하면서 모든 생각을 쉬는

공부에 몰두하였고, 마침내는 골짜기를 뒤흔들며 내리치는 폭포수 소리를 듣고 개오(開悟)까지 하였습니다. 아상을 끊고 완전히 하심을 한 소동파에게 계곡의 폭포수 소리는 그대로 부처님의 설법이었으며, 하룻밤 사이에 팔만 사천 법문을 모두 들었다고 합니다.

104 하심하는 만큼 복이 담긴다

문 소동파에게 있어 하심은 불교 공부의 시작이요 끝이었군요. 불교 공부를 하는데 하심이 이토록 중요한 자리를 차지하는 줄은 몰랐습니다. 이제 이 하심을 기도에 적용시켜 깨우침을 주시겠습니까?

답 나의 그릇에 아상이 가득 차 있으면, 부처님께서 복을 준들 받을 수가 없습니다. 기도를 할 때 자존심을 세운 채 부처님께 무조건 복 달라고 매달려서는 안 됩니다. 하심을 하여 그릇을 비우고 기도해 보십시오. 그릇을 비우는 만큼 복이 담기고, 그릇을 완전히 비우면 복이 가득 담기게 됩니다.

특히 하심을 잘하면 참회 또한 깊어져 업장을 빨리 녹일 수 있게 되고, 감사의 마음 또한 깊어집니다.

105 하심과 참회와 감사

문 하심의 기도를 하면 참회와 감사가 저절로 이루어진다는 말씀인가요?

답 그렇습니다. 기도를 하면서 우리가 꼭 새겨야 할 것은 하심과 참회와 감사입니다. 여기에서의 참회는 '잘못했습니다' 하는 것이요, 감사는 수희(隨喜)하고 찬탄하는 것입니다.

많은 경전에서는 불보살님의 자비를 중심에 두고 중생의 죄업과 참회, 고통과 해탈의 상관관계를 설하여 놓고 있습니다. 곧 중생의 그릇되고 고통스런 현실은 과거의 죄업에서 비롯된 것으로, 참회를 통하여 불보살님의 가피를 입으면 죄업이 녹아내리면서 원래의 편안함으로 돌아간다는 것입니다.

그러므로 기도를 하는 사람의 초점은 하심과 참회와

감사에 맞추어져야 합니다.

　하심을 하여 불보살님을 생각하고 명호를 외우며 참회를 하다 보면, 그리고 한 배 한 배 절을 올리며 불보살님과의 인연에 감사를 드리다 보면, 어느 순간 진한 눈물이 솟구치면서 업장의 밑바닥이 뚫어지게 되고, 업장이 녹으면 불보살님이 꿈 속에 나타나는 등의 가피를 입어 문제를 해결할 수 있게 됩니다.

　그런데도 기도를 하는 이들은 하심과 참회와 감사보다는 매달리기에 급급합니다. 물론 기도를 할 때는 간절히 매달려야 합니다. 하지만 받고 있는 고난의 원인이 죄업인 만큼, 하심하여 참회하고 감사하면서 스스로가 새롭게 태어나고자 하는 원을 발하지 않으면 안 됩니다.

　이기적인 기도보다는 하심하여 참회하고 감사하고 새로운 원을 담아야 만복이 스스로 깃들고 멋진 삶이 전개되는 것입니다.

106 기도를 자랑 말라

문 잘 알겠습니다. 하심하여 참회하고 감사하며 기도하겠습니다. 하심과 관련하여 불자들이나 기도인들이 특별히 경계해야 할 점은 없는지요?

㉠ 우리 불자들 중에는 본인의 기도나 신행생활에 대해 자랑하는 이들이 더러 있습니다.

"나는 ○○큰스님이 계시는 ○○사에 다닌다."
"나는 금강경부터 화엄경까지를 모두 공부하였다."
"나는 매일 천수경·금강경·관음경을 외운다."
"나는 7일 동안 하루 3천 배씩 하였다."
"나는 기도를 하여 어떤 차원을 경험했다."

이와 같이 자기 신행의 경력이나 체험을 주위사람들에게 우쭐대며 이야기합니다. 이러한 자랑이 '나'의 향상과 기도성취를 방해하는 것임을 알지 못하기 때문에 쉽게 말하고 즐거워하는 것입니다.

그러나 곰곰이 되새겨 보십시오. 자랑을 하며 내뱉는 말은 모두 아상에서 비롯된 것이요, 그 자랑 속에는 자아의식이 강하게 자리 잡고 있습니다. '나는 너와 다르다'는 것이요, '나의 기도가 너희와는 한 차원 다른 경지에 있다'는 것입니다.

그러므로 절대로 자랑하지 마십시오. 자랑의 입방아를 찧지 마십시오. 이것이 참된 기도를 망칩니다. 하심을 하여 나와 너를 넘어선 자리로 들어가야 기도성취를 이루고 행복의 세계로 들어 갈 수 있는데, 자신의 경력이나 경험에 빠져버리고 자랑까지 한다면 어떻게 기도성취나 해탈의 경지로 들어갈 수 있겠습니까?

그런데도 우리 불자들 중에는 자기 기도를 자랑하고 신도회 간부임을 자랑하고 큰 불사를 하였음을 자랑하는 이들이 있습니다.

부디 순수한 마음으로 기도를 하고 신행생활을 실천하십시오. 아상에 빠지면 부처님의 말씀조차 들리지 않습니다. 아상을 놓아버리고 하심하여 순수한 마음으로 돌아가면 부처님의 말씀이 그렇게 고마울 수가 없으며, 나날이 깨달음이 열리게 되는 것입니다.

107 물처럼 하심하면

문 다시 한 번 여쭙겠습니다. 정말 하심을 하면 깨달음을 열수 있습니까?

㈎ 그렇습니다. 하심은 불교의 본체입니다. 어찌 보면 하심이 불교수행의 전체일 수도 있습니다. 하심하여 나를 비우면 내가 커지게 됩니다. 반대로 하심을 잊으면 깨달음의 세계를 향해 나아갈 수도 없고 깨달음의 세계에 이를 수도 없습니다.

흐르는 물에는 내 물 네 물이 따로 있지 않습니다. 백천 시냇물이 자기를 낮추어 큰 물과 합해지듯, 하심하여 나의 위치를 낮추면 나의 물이 커지는 법입니다. 낮추고 비워야 하천과 합해지고 강과 합해져서, 마침내는 부처님의 큰 바다로 들어가는 것입니다.

잊지 마십시오. 부처님의 큰 바다로 들어가려면 자신을 낮추고 또 낮출 줄 알아야 합니다.

108 모든 것을 불보살님께 맡기고

㉲ 하심의 기도, 그리고 전체를 마무리하는 한 말씀 부탁드립니다.
㈎ 불자의 기도에 있어 결코 변하지 않아야 할 것이 있으니, 그것은 하심의 기도입니다. '나는 없다' 는 생각으

로, 모든 것을 불보살님께 맡기고 '불보살님께서 시키는 대로 따르겠다' 는 마음으로 기도하는 것이 하심의 기도입니다.

참회와 하심! 참회하면 마음이 고요해지고, 마음을 낮추면 잔잔한 기쁨이 몰려옵니다. 그때 생각을 버리고 따라가 보십시오. 참회와 하심이 만들어 놓은 길을 따라 나아가다 보면 마음이 크나큰 바다가 되어 어느 것도 받아들이지 못할 것이 없음을 알게 됩니다.

기도는 다생의 죄업을 녹입니다. 기도는 우리를 새롭게 태어나게 합니다. 기도는 우리의 진실한 마음을 성숙시키는 최고의 방편입니다. 기도! 그것은 '나' 를 가꾸는 원동력인 것입니다.

누구든지 좋습니다. 고통이 있고 갈등이 있고 두려움이 있거나, 진정으로 바라는 바가 있으면 기도하십시오. 지금 당장 시작해 보십시오. 틀림없이 기도를 통하여 중심을 잡고 안정을 얻게 됨은 물론이요, 영원한 생명력을 회복해 가질 수 있습니다.

그러므로 불자인 우리는 어떤 식으로든 기도를 해야

합니다. 기도를 잘하면 마음까지 잘 닦을 수 있습니다. 염불·주력·절·독경·사경·참회 등의 기도를 통하여 향상의 길로 나아가야 합니다.

권하옵건대 조급증을 내지 말고 꾸준히, 흔들림 없이 기도하십시오. 기도를 통하여 한 경지만 올라서도 인생이 달라집니다. 남을 대하는 태도가 달라지고, 업(業)을 받아들이는 자세가 달라지며, '나'를 보다 자유롭게 조절할 수 있게 됩니다.

무릇 기도를 잘하면 업장을 녹이고 원을 성취함은 물론, 대행복과 대평화의 삶을 누리는 참다운 자유인이 될 수 있습니다.

부디 하심을 하여 정성스럽게 예배하면서 간절한 마음으로 기도하십시오. 지극한 공경심으로 기도하여, 불보살님께서 '소원을 들어주지 않고는 정말 못 배기겠다'는 생각이 들 만큼 완전히 자신을 낮추게 되면 가장 빨리 불보살님의 크나큰 가피를 증득할 수 있게 됩니다.

그 가피를 이룰 때까지 기도를 정말 정말 잘하시기를 두 손 모아 축원드립니다.

나무시방삼세일체제불보살마하살.

기도 및 영가천도의 지침서

❀

광명진언 기도법　　일타큰스님 · 김현준 / 신국판 / 176쪽 / 값 5,000원
광명진언 기도를 널리 펴고자 일타스님과 김현준원장이 함께 저술한 책. 광명진언 속에 새겨진 참의미와 바른 기도법, 빠른 기도성취법 등을 자상하게 설하고, 유형별 기도성취 영험담을 다양하게 수록하였으며, 누구나 보기 쉽도록 큰활자로 발간하였습니다. 광명진언을 외우면 행복과 평화, 영가천도, 소원성취를 능히 이룰 수 있습니다.

생활 속의 기도법　　일타큰스님 / 신국판 / 160쪽 / 값 5,000원
불교계 최대의 베스트 셀러! 일상생활에서 누구나 처할 수 있는 여러가지 상황에 따른 구체적인 기도방법에서부터 기도할 때 지녀야 할 마음가짐까지, 자상한 문체로 예화를 섞어 쉽고 재미있게 엮었습니다.

기　도　　일타큰스님 / 신국판 / 240쪽 / 값 7,000원
총 6장 52편의 다양한 기도 영험담으로 엮어진 이 책을 읽다보면 기도를 통해 틀림없이 부처님의 가피를 입을 수 있음을 확신할 수 있게 되고, 올바른 기도법과 함께 기도성취의 지름길을 알 수 있게 됩니다.

지장신앙 · 지장기도법　　김현준 / 4×6판 / 160쪽 / 값 4,000원
지장신앙 속에는 영가천도뿐만이 아니라 현세에서의 행복과 깨달음, 성불의 비결까지 간직되어 있습니다. 이러한 지장신앙의 여러 측면과 함께 생활 속에서 할 수 있는 지장기도법을 자세히 밝혀놓았습니다.

큰활자본 지장경	김현준 편역 / 4x6배판 / 208쪽 / 7,000원
지장보살본원경	김현준 편역 / 신국판 / 208쪽 / 5,000원

이 책은 지장기도를 하는 분들을 위해 ① 지장경을 처음부터 끝까지 1번 독송, ② '나무지장보살'을 천번 염송, ③ 지장보살예찬문을 외우며 158배, ④ '지장보살' 천번 염송의 4부로 나누어 특별히 만들었습니다. 지장경 독경 및 지장보살예참과 염불을 할 때, 각 장 앞에 제시된 기도법에 따라 기도를 하게 되면, 지장보살의 가피 속에서 틀림없이 영가천도 · 업장소멸 · 소원성취 · 향상된 삶을 이룩할 수 있게 됩니다. 위 두 책의 내용은 같으며, 활자 및 책크기만 다릅니다.

참회와 사랑의 기도법   김현준 / 신국판 / 192쪽 / 값 6,000원

총 84가지 문답을 통하여 참회의 정의에서부터 참회기도를 해야 하는 까닭, 절을 통한 참회법·염불참회법·주력참회법·가족을 향한 참회법 등에 대해 기간·장소·시간·자세·마음가짐에 이르기까지 아주 상세하게 설명하고 있습니다. 그리고 기도 축원의 구체적인 내용 및 자비의 기도가 갖는 효과, '백중과 영가천도'에 대한 글을 싣고 있습니다.

영가천도   우룡큰스님 / 신국판 / 160쪽 / 값 5,000원

영가의 장애를 느끼십니까? 돌아가신 영가를 제대로 천도해 드리지 못했었습니까? 영가천도의 필요성과 기본자세, 염불·독경·사경을 통한 영가천도, 49재, 낙태아 천도 등 영가천도에 관한 궁금증 및 천도의 방법을 우룡스님의 자세한 법문으로 풀어드립니다.

참회 · 참회기도법   김현준 / 신국판 / 160쪽 / 값 5,000원

참회의 참된 의미와 여러 가지 참회 기도법, 참회 영험담 등을 상세하게 담았습니다. 참회는 과거의 잘못을 뉘우치며 용서를 구하는 일입니다. 곧 '나'의 참된 행복을 위하여 맺힌 것을 풀고 푼 것을 더욱 원만하게 이끌어가는 묘법인 참회를 통하여 행복하고 자유로운 삶을 사는 방법을 열어주고 있습니다.

불자의 가족사랑과 기도법   김현준 / 4×6판 / 176쪽 / 값 4,000원

가장 가깝고 가장 사랑하는 가족들이 정말 잘 사랑할 수 있는 방법을 부처님의 가르침에 의지하여 정립하고 생활화한 책입니다. 특히 이 책 속의 기도법은 가족 모두의 향상과 원성취를 이루게 하는 묘법이라 아니할 수 없습니다.

미타신앙 · 미타기도법   김현준 / 4×6판 / 160쪽 / 값 4,000원

아미타불의 참 모습에서부터 극락에서 누리는 행복, 칭명염불·오회염불·관상염불·천도염불 등의 각종 염불수행법을 자세히 밝히고 있습니다. 불교신앙의 결정판으로, 불자라면 꼭 읽어야 할 책입니다.

관음신앙 · 관음기도법   김현준 / 4×6판 / 160쪽 / 값 4,000원

관음신앙의 뿌리에서부터 관세음보살의 구원 능력, 상황에 따른 관음기도법, 관음관법 등 관음신앙에 대한 모든 것이 쉽게 풀이되어 있습니다. 관세음보살의 가피와 기도성취를 바라는 분들에게 훌륭한 길잡이 노릇을 할 것이라 확신합니다.

불자들이 꼭 읽어야 할 기초서적

참 생명을 찾는 경봉스님 가르침   김현준 / 신국판 / 192쪽 / 값 6,000원
이 시대 최고의 도인이셨던 경봉스님께서 참 생명을 찾는 공부와 도에 대한 가르침, 인생의 실체에 대한 가르침, 참된 주인공을 찾는 방법, 부부의 도·자녀교육·자연 속에서 화합하게 사는 법, 이 사바세계를 무대로 삼아 멋있게 사는 법 등의 가르침을 다양한 이야기와 함께 자상하게 설하여 모든 불자들이 쉽게 이해할 수 있도록 하였습니다.

윤회와 인과응보 이야기   일타큰스님 / 신국판 / 240쪽 / 값 7,000원
"죽음 뒤의 세상, 인간은 과연 윤회하는 존재인가? 내가 지은 업은 어떻게 전개될 것인가?" 이러한 의문의 해답을 일러주고자 총 49가지 이야기로 엮은 이 책을 읽다보면 윤회와 인과응보에 대한 해답을 명확하게 얻을 수 있게 됩니다.

불교란 무엇인가   우룡큰스님 / 신국판 / 160쪽 / 값 5,000원
'불교는 해탈의 종교, 해탈을 얻는 원리, 무엇이 부처인가, 소승과 대승불교, 불교는 나를 돌아보는 종교, 불자의 실천, 꼭 이것만은'의 여섯 단락으로 나누어 참 불자들이 마음에 새기고 실천해야 할 불교의 핵심되는 가르침을 많은 예화를 곁들여 설하고 있습니다.

불자의 기본 예절   일타큰스님 / 신국판 / 160쪽 / 값 5,000원
불교 예절의 근본이 되는 마음가짐과 말씨, 걸음걸이와 앉음새, 합장법, 절하는 법, 법당에서의 예절, 법문 듣는 법, 목욕·입측법 등 절집 안의 생활 예절을 보다 쉽게 접할 수 있도록 많은 이야기를 곁들여 재미있게 엮었습니다.

오계이야기   일타큰스님 / 신국판 / 160쪽 / 값 5,000원
살생·투도·사음·망어의 근본 4계에 불음주계를 합한 5계에 대한 법문집. 재미있는 일화를 들어 각 계율의 연원과 지키는 방법, 계율을 범했을 때의 과보 등을 자세히 설하였습니다. 복된 불자의 길로 나아가게 하는 불자의 필독서입니다.

일타큰스님의 초발심자경문 강설집 (신국판)

시작하는 마음(보조국사 초심 해설집)	344쪽 / 값 9,000원
영원으로 향하는 마음(원효대사 발심수행장 해설집)	240쪽 / 값 7,000원
자기를 돌아보는 마음(야운스님 자경문 해설집)	288쪽 / 값 8,000원

알기 쉬운 경전 해설서

❀

생활 속의 금강경 우룡큰스님 / 신국판 / 304쪽 / 값 8,000원

시대와 종파를 초월하여 불자들로부터 가장 많은 사랑을 받고 있는 금강경. 심오한 내용을 알기 쉽게 풀이하고 일상생활과 접목시켜 강설함으로써 삶의 현장에서 금강경의 가르침을 능히 응용할 수 있도록 하였고, 감동을 주는 일화들을 많이 삽입하여 재미를 더해 주고 있습니다.

생활 속의 관음경 우룡큰스님 / 신국판 / 240쪽 / 값 7,000원

관세음보살의 본질과 기도성취의 원리를 여러 가지 영험담을 삽입하여 쉽게 풀이하였습니다. 이 책을 읽으면 신심이 샘솟고, 이 책을 따라 기도하면 관음의 가피를 입어 소원을 성취하고 행복을 누릴 수 있습니다.

생활 속의 반야심경 김현준 / 신국판 / 272쪽 / 값 8,000원

반야심경의 구절구절들을 우리의 생활과 결부시켜 참으로 쉽고 명쾌하게 해석하였습니다. 공(空)의 의미, 모든 괴로움의 원인과 해탈법, 색즉시공 공즉시색의 참 뜻, 걸림 없고 진실불허한 삶을 이루는 방법 등을 감동적으로 풀이하였습니다.

생활 속의 천수경 혜국큰스님 / 신국판 / 240쪽 / 값 7,000원

관세음보살님께서 우주의 대진리를 문자로 표현한 천수경! 혜국스님께서 선적인 안목으로 풀이하여 내 마음의 문을 넓게 열고 잠들어 있는 영혼을 일깨우고 있습니다. 나를 향상시키고 심중의 소원도 성취할 수 있습니다.

생활 속의 예불문 김현준 / 신국판 / 272쪽 / 값 7,000원

예불을 올리는 불자들이 꼭 새겨야 할 마음가짐과 가르침을 재미있고 감동적으로 엮은 오분향 예불문의 해설서. 지심귀명례 하는 방법을 비롯하여, 불자들이 궁금해하는 불·보살·십대제자·여러 나한님들에 대한 신앙과 그 세계를 함께 담았습니다.

생활 속의 보왕삼매론 김현준 / 신국판 / 240쪽 / 값 7,000원

이 책은 병고해탈, 고난퇴치, 마음공부와 마장극복, 일의 성취, 참 사랑의 원리, 인연 다스리기, 공덕 쌓는 법, 이익과 부귀, 억울함의 승화 등 인생살이에서 겪게 되는 문제와 장애들을 속시원하게 뚫어주고 있습니다.

다량의 법보시를 원하시는 분은 출판사로 연락을 주십시오.
할인혜택을 드립니다. ☎ (02) 582-6612

삶의 향기를 더해주는 큰스님의 법문집

❁

불자의 마음가짐과 수행법   일타큰스님 / 신국판 / 192쪽 / 값 5,000원
불자들이 큰 행복과 대자유를 얻기 위해서는 어떠한 마음가짐으로 살아야 하며, 참선·염불·간경·주력의 불교 4대 수행법을 어떻게 닦아야 하는가를 갖가지 비유를 들어 자상하게 설하고 있습니다.

부드러운 말 한마디 미묘한 향이로다   일타큰스님 / 신국판 / 240쪽 / 값 7,000원
일타스님의 대표적인 법문집. 삶의 이유, 복된 삶 이루기, 보시와 지계, 도 닦는 법, 지혜성취 법 등의 맑고 주옥같은 법문으로 행복의 세계로 향하는 문을 열어주고 있습니다.

마음밭을 가꾸는 불자   보성큰스님 / 신국판 / 272쪽 / 값 8,000원
이 책은 부처님 오신 뜻을 비롯하여 불자의 길, 내가 나를 다듬는 방법, 주인 노릇하며 사는 법, 기도성취의 기본원리, 참회법, 천도재 및 백중기도법, 지혜롭게 공부하는 방법, 생활 속의 불교수행법, 업장을 녹이는 공부 등에 대해 스님의 체험을 바탕으로 하여 심도있게 조명하고 있습니다.

연기법과 불교의 생활화   고우큰스님 / 4×6판 / 160쪽 / 값 4,000원
연기법이란 무엇인가? 정견 속에서 불교를 생활화 할 수 있는 방법은? 그리고 행복한 삶을 여는 방법, 오늘을 알고 사랑하기, 참된 자녀교육, 돈에 대한 자세, 신심을 정립하는 법, 복과 지혜를 닦는 법, 정견으로 기도하고 공부하는 법 등에 대해 자상하게 이야기하고 있습니다.

행복을 여는 부처님의 가르침   혜인큰스님 / 신국판 / 160쪽 / 값 5,000원
부모님의 은혜, 인과법과 마음씨, 신심·구업(口業)·보시·인욕 등 불자들이 행복한 삶을 여는 데 꼭 필요한 덕목들을 잘 이해하고 실천할 수 있도록 명쾌하게 설한 법문집입니다.

마음부처와 함께 살아라   혜국큰스님 / 신국판 / 240쪽 / 값 7,000원
이 시대를 살아가는 불자들 누구에게나 도움이 될 가르침. 곧 자녀를 잘 살리는 방법, 멋진 부부로 살아가는 법, 미운 사람 극복하기, 생과 사의 원리, 올바른 축원법, 마음 비우기, 참된 행복을 이루는 법 등의 내용을 다양한 이야기와 함께 쉽고도 깊이 있게 수록하였습니다.

인연법과 마음공부   혜국큰스님 / 신국판 / 160쪽 / 값 5,000원
이 책에는 인연법과 자연법, 인연법의 신해행증, 마음을 닦아 부처님의 깨달음으로 나아가는 방법, 선수행의 길, 참으로 잘 사는 방법 등을 스님의 수행력을 바탕으로 삼아 과학적이고도 매우 재미있게 엮었습니다.

내 갈 길을 가는 불자   보성큰스님 / 신국판 / 224쪽 / 값 7,000원
보성스님께서 평생을 마음에 담아 두었던 주옥같은 법문 모음집. 믿음·하심·정진의 방법, 사경법·관음기도법·신중기도법, 참 부처님을 모시고 사는 방법, 참 불자가 되는 법, 지혜롭고 자비롭게 사는 방법, 도인의 진솔한 모습 등을 명쾌하게 설하고 있습니다.

정성 성誠이 부처입니다   우룡큰스님 / 신국판 / 240쪽 / 값 7,000원
'정성 성'이 부처요, 모든 것이 부처님 하는 일이며, 어떻게 사는 이가 부처가 되어가는 사람인가? 대우주와 하나 되는 삶, 마음 단속과 마음 열기, 흔들리는 마음 다스리기, 번뇌와 업장을 비우는 방법, 진짜 공부하는 법 등, 깊이 있고 뼈있는 내용들을 많은 이야기들과 함께 쉽고도 편안하게 엮었습니다.

불교신행의 주춧돌   우룡큰스님 / 신국판 / 240쪽 / 값 7,000원
'불교! 어떻게 믿고 실천해야 하는가?'를 자세하게 설한 우룡스님의 불교신행 지침서. 올바른 정진으로 나아가는 데 필요한 마음가짐과 함께 동요됨 없이 삶을 사는 방법, 모두를 살리는 축원법, 기도성취의 비결, 괴로움을 벗는 법, 해탈의 길 등에 대해 많은 예화를 곁들여 알기 쉽게 엮었습니다.

불자의 살림살이   우룡큰스님 / 신국판 / 160쪽 / 값 5,000원
부처님의 아들딸인 우리 불자들이 무엇을 믿고 어떠한 삶의 길을 걸어야 하는지, 참된 불자의 살림살이가 무엇인지를 명쾌하게 제시하고 있습니다. 특히 가족을 향한 참회와 복 짓는 방법, 평온을 얻고 지혜를 이루는 방법을 쉽고도 일목요연하게 설하신 주옥같은 법문집입니다.

불교의 수행법과 나의 체험   우룡큰스님 / 신국판 / 160쪽 / 값 5,000원
염불 및 주력수행법·기도를 잘하는 법·경전공부의 방법·참선수행법·수행과 업장소멸·수행정진의 비결 등을 스님의 체험을 예로 들면서 알기 쉽고 재미있게 엮었습니다. 불자라면 누구나 꼭 읽어야 할 보배로운 책이요, 공부에 큰 도움이 되는 책입니다.

큰스님의 감로법문   신국판 / 224쪽 / 값 7,000원
(청소·성수·도견·보성·월운·정무·우룡·고산 스님의 법문집)
큰스님의 생활법문   신국판 / 224쪽 / 값 7,000원
(고우·무여·설정·혜인·주경·덕민·혜국 스님의 법문집)

이 두 권의 법문집에는 불교의 생활화, 잘 사는 비결, 사람 사는 도리, 자식을 훌륭하게 키우는 법, 가족 모두가 행복해지는 법, 어느 곳에서나 주인되어 사는 법, 마음 길들이는 법, 가치관 정립하기, 참선·경전공부·염불정진법 등, 이 시대의 불자들이 꼭 새기고 실천해야 할 감로수같은 생활법문을 알기 쉬우면서도 분명하게 설하고 있습니다.

영험 크고 성취 빠른 각종 사경집

> ※ 사경의 효과는 참으로 큽니다. 누구든지 정성을 들여 사경하면 큰 가피가 저절로 찾아들고, 업장참회는 물론이요 쉽게 소원을 성취할 수 있습니다. 각 책마다 사경의 방법을 자세하게 설명해 놓았습니다.

광명진언 사경(가로쓰기:1080번 사경)   4X6배판 / 128쪽 / 값 4,000원
광명진언 사경(세로쓰기:1080번 사경)   4X6배판 / 128쪽 / 값 4,000원
광명진언을 써 보십시오! 눈으로 보고 입으로 외우고 손으로 쓰고 마음으로 새기는 광명진언 사경은 크나큰 성취를 안겨줍니다.

금강경 한글사경(1책으로 3번 사경)   4X6배판 / 144쪽 / 값 5,000원
금강경 한문사경(1책으로 3번 사경)   4X6배판 / 144쪽 / 값 5,000원
금강경 한문한글사경(1책으로 1번 사경) 4X6배판 / 100쪽 / 값 3,500원
가장 요긴하고 으뜸된 경전인 금강경을 자꾸자꾸 사경해 보십시오. 업장소멸과 함께 크나큰 깨달음과 좋은 일들이 저절로 다가오게 됩니다.

반야심경 한글사경(1책으로 50번 사경)   4X6배판 / 116쪽 / 값 4,000원
반야심경 한문사경(1책으로 50번 사경)   4X6배판 / 116쪽 / 값 4,000원
반야심경을 사경하면 대우주의 호법신장이 '나'를 지켜줄 뿐 아니라, 공의 도리를 깨달아 평화롭고 안정된 삶을 영위할 수 있습니다.

천수경 한글사경(1책으로 7번 사경)   4X6배판 / 116쪽 / 값 4,000원
천수경을 사경하면 그지없이 환희롭고 신심이 우러나며, 집안의 평온과 안정된 삶이 찾아들고, 소원성취 및 참회가 쉽게 이루어집니다.

신묘장구대다라니 사경(50번 사경)   4X6배판 / 116쪽 / 값 4,000원
신묘장구대다라니를 사경하면 관세음보살님과 호법신장들이 '나'를 지켜주고 소원을 성취함과 동시에, 자비심 가득한 마음이 생겨납니다.

지장경 한글사경(1책으로 1번 사경)   4X6배판 / 144쪽 / 값 5,000원
지장경을 사경하면 영가천도 및 각종 장애가 저절로 소멸되고 심중의 소원이 성취됩니다. 백일 또는 49일 사경기도를 하면 매우 좋습니다.

아미타경 한글사경(1책으로 7번 사경)   4X6배판 / 116쪽 / 값 4,000원
살아 생전에 아미타경을 사경하거나, 부모를 비롯한 가까운 분이 돌아가셨을 때 이 경을 쓰면 극락왕생이 참으로 가까워집니다.

관음경 한글사경(1책으로 5번 사경)   4X6배판 / 116쪽 / 값 4,000원
관음경을 사경하면 가피가 한량이 없고 늘 행복이 함께 합니다. 학업성취·건강쾌유·자녀의 성공·경제 문제 등에도 영험이 매우 큽니다.

기도 독송용 경전

1 우리말 금강경　　　　　　우룡큰스님 역 / 국반판 / 96쪽 / 값 2,000원
'불자들이 꼭 읽어야 할 금강경을 우리말로 보급하겠다'는 원력에 의해
제작된 책. 기도법·독송법 등도 자세히 설하였습니다.

2 부모은중경　　　　　　　김현준원장 역 / 국반판 / 96쪽 / 값 2,000원
부모님의 은혜를 느끼며 기도를 할 수 있게 엮었습니다. 부모자식 사이의
인과와 사랑의 원리도 수록하였습니다.

3 우리말 관음경　　　　　　우룡큰스님 역 / 국반판 / 96쪽 / 값 2,000원
관음경의 내용을 알기 쉽고 분명하게 번역한 책. 또한 부록으로 관음기도
와 염불법에 대해 자세히 설하고 있습니다.

4 초발심자경문　　　　　　일타큰스님 역 / 국반판 / 96쪽 / 값 2,000원
신심을 굳건히 하고 수행에 대한 마음을 불러 일으키게끔 하는 보조국사·
원효대사·야운스님의 글. 번역이 매우 아름답습니다. 국·한문 대조본.

5 우리말 지장경　　　　　　김현준 편역 / 국반판 / 196쪽 / 값 3,000원
휴대하기 쉬운 『우리말 지장경』을 가지고 다니면서 틈틈히 읽게 되면 기도
에 매우 큰 도움이 됩니다. 지장경 독송 및 기도법도 자세히 수록하였습니다.

법요집　　　　　　　　　불교신행연구원 편 / 국반판 / 96쪽 / 값 2,000원
법회와 수행 시에 필요한 각종 의식문, 그리고 읽을수록 좋은 몇 편의 글
들을 수록한 휴대용 법요집입니다.

선가귀감 우리말선서1　　서산대사 저·용담스님 역 / 국반판 / 160쪽 / 값 2,500원
선수행 뿐 아니라 참회·염불·육바라밀 등 불교의 요긴한 가르침을 일목
요연하게 정리하여 불자들의 신심과 정진에 큰 도움을 주는 소중한 책입
니다.

한글 금강경　　　　　　　우룡큰스님 역 / 4X6배판 / 112쪽 / 값 3,500원
책 크기만큼 글씨도 크게 하고 한자 원문도 수록하였으며, 독송에 관한 법
문도 첨부하였습니다. 사찰 및 가정에서의 독송용으로 매우 좋습니다.

한글 관음경　　　　　　　우룡큰스님 역 / 4X6배판 / 96쪽 / 값 3,000원
커다란 글씨의 관음경 해설과 함께 관음경의 원문과 독송법, 관음 염불 방
법 등을 수록하여 관음경의 가르침을 쉽게 이해하도록 하였습니다.

읽을수록 신심을 북돋우는 책

❀

석가 우리들의 부처님(개정판)　　김현준 / 신국판 / 240쪽 / 값 7,000원
부처님의 탄생에서부터 출가·수행·성도, 중생교화의 삶과 법문들, 장엄한 열반에 이르기까지 구구절절이 가슴에 닿도록 쓴 이 책을 읽다 보면 참 불자의 길과 삶은 저절로 나의 것이 될 것입니다.

사찰 그 속에 깃든 의미　　김현준 / 신국판 / 320쪽 / 값 9,000원
불교문화를 새롭게 조명하는데 단초가 된 책. 불교출판문화상 대상 수상작. 사찰 초입(初入)의 일주문·천왕문·불이문, 사물(四物)·석등·탑, 대웅전·극락전을 비롯한 각종 법당 등에 담겨진 의미와 구조·변천 등을 깊이 있게 다루어 불교예술과 사찰에 대한 새로운 시각을 열어줍니다.

선수행의 길잡이　　일타큰스님·김현준 / 신국판 / 224쪽 / 값 7,000원
'참선이란 무엇인가', '좌선법', '어떻게 해야 참선을 잘 할 수 있는가', '참선의 장애를 극복하는 법' 등 참선하는 이들이 꼭 알고 지키고 닦아야 할 사항들을 자상한 법문으로 이해하기 쉽게 설한 책. 초보자의 선수행에 훌륭한 지침서가 되고 있습니다.

바보가 되거라(경봉큰스님 일대기)　　김현준 / 신국판 / 220쪽 / 값 6,000원
예리한 지혜의 눈과 깊은 자비심으로 중생의 자유로운 삶을 일깨웠던 경봉큰스님! 이 책을 펼쳐들면 가장 가까운 곳에서 우리를 살아 움직이게 하는 이 시대 최고의 진솔한 대도인을 만날 수 있게 됩니다.

아! 일타큰스님　　김현준 / 신국판 / 240쪽 / 값 7,000원
선과 교와 율을 두루 통달하셨던 일타큰스님의 일대기. 스님의 수행담을 읽다보면 기도·참선·경전공부의 방법을 체득할 뿐 아니라, 자비보살 일타스님과 함께 함을 느낄 수 있게 됩니다.

법공양문　　일타큰스님 / 신국판 / 288쪽 / 값 8,000원
부처님과 역대 스님들의 감명 깊고 배움 깊은 총 45편의 법문을 엄선하여, 명확하게 번역한 책. 늘 옆에 두고 읽을만한 책입니다.

선가구감　　서산대사 저·용담스님 역주 / 신국판 / 240쪽 / 값 7,000원
선수행 뿐 아니라 참회·염불·육바라밀 등 불교의 요긴한 가르침을 일목요연하게 정리하여 신심과 정진에 큰 도움을 주는 소중한 책입니다.

· 다량의 법보시는 할인혜택을 드립니다. ☎ (02) 587-6612